W0284792

KEN FERNANDEZ

LÉON MARCHAND

L'ÉTOFFE D'UN HÉROS

ÉLITE MARABOUT SPORT

PROLOGUE

LÉON

Kylian Mbappé, Teddy Riner, Julian Alaphilippe, Kevin Mayer, Nikola Karabatic ou encore Tony Parker ont été rejoints fin 2023 au panthéon du sport français par un prodige de la natation de 21 ans. Nommé « Champion des champions 2023 » par le célèbre quotidien de sport *L'Équipe*, Léon Marchand a basculé dans une nouvelle dimension durant cette année, marquée par trois titres mondiaux à Fukuoka et le record du monde du 400 m 4 nages, subtilisé à la légende du sport, Michael Phelps. Avant le quintuple champion du monde, seule la reine Laure Manaudou (2004, 2006), la comète Alain Bernard (2008) et le prodige Florent Manaudou (2015) avaient offert cette distinction à la natation française au cours des trente dernières années.

EN 2023, LÉON MARCHAND A BASCULÉ DANS UNE NOUVELLE DIMENSION MARQUÉE PAR TROIS TITRES MONDIAUX À FUKUOKA ET LE RECORD DU MONDE DU 400 M 4 NAGES.

Voilà de quoi placer le nageur au sourire enfantin et au regard bleu piscine sur le toit du sport français, au moment où Paris se prépare à accueillir les Jeux en 2024. Lors de cette olympiade estivale, les regards de la France entière seront tournés avec appétit vers l'Arena de Nanterre pour accompagner Léon Marchand dans sa quête de titres. 200 m 4 nages, 400 m

SSIME

4 nages, 200 m papillon et/ou 200 m brasse composeront le menu copieux de l'insatiable nageur, capable d'être le premier Tricolore à remporter trois titres en un même été olympique depuis le cycliste Robert Charpentier en 1936… Cerise sur un gâteau bleu aux nuances de rose.
La légende du pitchoune débute en effet sous le soleil de Toulouse, le 17 mai 2002. Dans la capitale du rugby, elle aurait d'abord pu s'écrire loin des bassins pour le petit Léon que le froid et l'ennui éloignent pendant deux ans de la piscine Alfred-Nakache. Pourtant, à l'image de l'illustre nageur, rescapé du camp de concentration d'Auschwitz, l'histoire de Marchand épouse le grand roman de la natation française. Héritier d'une famille de nageurs olympiques composée du père, de la mère et de l'oncle, Léon reprend le flambeau aquatique sous les couleurs des Dauphins du TOEC, club mythique de l'Hexagone. C'est là où le gamin mince, discret et poli grandit et se forme en même temps que Nicolas Castel, son premier mentor. À force de travail, le duo dispute une finale olympique à Tokyo qui permet à Léon de se faire un prénom. Déterminé à poursuivre sa progression et ses études en informatique de façon optimale, Marchand embrasse le rêve américain et met le cap sur l'eldorado de la natation à 19 ans. Sous le cagnard d'Arizona State, le polyvalent Léon Marchand nage avec humilité dans la vague du sportif le plus titré de l'histoire des Jeux, Michael Phelps, dont il a rejoint le mythique entraîneur Bob Bowman. Loin des yeux, mais près du cœur de Castel qu'il a gardé comme co-entraîneur, le Frenchy aux coulées uniques a conquis l'Amérique au rythme de ses records. Et parce que les superlatifs commencent à manquer pour qualifier les exploits du quintuple champion du monde, l'entourage de Léon Marchand a inventé son propre surnom. Un « Léonissime » qui n'a pas fini de se propager et qui prendra tout son sens à la lecture de ce livre.

sommaire

L’héritier

Avant Léon, le monde de la natation française a pu suivre les exploits de Christophe et Xavier Marchand, mais également de Céline Bonnet, sa maman. Des modèles dont s’est fortement inspiré le prodige.

Xavier et Léon Marchand,
championnats de France 2023.

NÉ SOUS LE SIGNE DE... L'EAU ?

Depuis son enfance à Toulouse, Léon Marchand baigne dans le milieu de la natation grâce à ses parents. Une famille qui le conseille, le soutient, mais ne l'a jamais incité à perpétuer l'héritage.

Dans la famille Marchand, je voudrais l'oncle, Christophe, ancien nageur olympique de 400, 800 et 1500 m nage libre en 1988 et 1992. Je voudrais également Céline, la maman, nageuse olympique en 1992 et ex-recordwoman de France du 100 et du 200 m 4 nages. Je voudrais enfin le papa, Xavier, nageur olympique et vice-champion du monde en 1998 sur 200 m 4 nages. Côté gènes, Léon, le dernier de la célèbre famille Marchand, est donc plutôt bien servi. Avant de devenir la star planétaire des bassins qu'il est aujourd'hui, le Toulousain est d'abord le digne héritier d'une famille de nageurs à succès, éveillant sur lui une curiosité particulière, depuis ses premiers mouvements de brasse.

Beaucoup plus qu'un « fils de... »

« À partir de 2018, on commençait à entendre dire que le "fils de Xavier Marchand" progressait en juniors, se rappelle Jonathan Cohen, rédacteur en chef de *Natation Magazine*. Je me souviens que lors de ses premiers championnats de France, à Rennes en 2019, il attirait toujours un peu plus de journalistes que les jeunes de son âge en zone mixte. Il y avait de la part du monde de la natation une curiosité autour de ce "fils de..." de 17 ans, introverti et qui ne savait pas trop comment gérer l'attention médiatique. » D'autant que, pour tous ceux qui l'ont croisé, la comparaison entre « ce nageur frêle » et le musculeux Xavier Marchand, 1,85 m pour 81 kg, étonne. « Un gringalet » de 1,87 m que le visage de la natation sur France Télévisions, Alexandre Boyon, a découvert par hasard lors d'une journée de repos pendant les Mondiaux de Budapest en 2017. « J'ai profité de ce day-off pour visiter les thermes de la capitale hongroise, lorsque j'ai aperçu Céline Bonnet, que je connaissais bien. On a un peu discuté, et c'est là que j'ai entendu ces deux gosses, Oscar et Léon, qui jouaient derrière elle. Xavier, qui était journaliste reporter d'images pour France TV, nous a rejoints et on a plaisanté avec ses garçons. Je me souviens d'avoir été impressionné par le côté aquatique et la vitesse de la nage de Léon. » De là à imaginer que l'adolescent de 14 ans allait perpétuer puis surpasser l'héritage familial ?

xavier marchand @ch… · 8 oct. 2020 ···
Or maybe here ! 🤩😘

⚜Léon⚜ et Auburn Swim & Dive

Xavier Marchand a décroché la médaille d'argent aux Mondiaux de Perth, en 1998, en 200 m 4 nages. @xavier_marchand

Xavier Marchand félicite son fils, Léon, sur le podium du 400 m 4 nages, le 15 juin 2023.

« C'était une crevette, difficile à comparer avec le physique de déménageur de Xavier lorsqu'il était nageur. Il était plus longiligne. Mais il avait déjà en commun avec ses parents une facilité évidente pour les 4 nages. » Une spécialité polyvalente vers laquelle Léon s'oriente pour « varier les plaisirs et éviter de s'ennuyer ». Et pour laquelle il deviendra bientôt le premier à remporter une médaille, depuis son père en 1998.

« Bien dans son slip de bain »

La force de Léon Marchand a été de piocher dans les qualités de ses deux parents : la sobriété et le mental de gagnant de son père et, de l'autre côté, la technique et le calme de sa maman. Des parents qui lui ont « toujours donné beaucoup de conseils », notamment lors d'innombrables repas de famille passés à disserter sur leur passion. Et qui n'ont pas souhaité que leur fils reprenne le flambeau aquatique à tout prix : « Ils ne m'ont pas poussé. Ils m'ont laissé faire mes expériences et ont plutôt essayé de me freiner, voire de me dissuader. Ils savent que c'est l'un des sports les plus difficiles, qu'il y a beaucoup de sacrifices. Mon père me disait : "Attention, c'est compliqué si tu te lances là-dedans, le chemin est long." » Une mise en garde que Xavier Marchand reconnaissait dans *Le Parisien*. « On a juste voulu lui apprendre à nager et j'ai mis du temps à comprendre qu'il voulait faire une carrière de haut niveau dans la natation. On l'a toujours laissé libre de continuer ou de s'arrêter, et ce qui m'intéresse, c'est qu'il soit bien dans son slip de bain. Qu'il batte des records ou pas, je veux qu'il ait la banane et qu'il s'amuse. J'ai beaucoup de confiance en lui et je sais que ça se passera bien. J'ai l'impression qu'il a une bonne étoile », prédisait celui que l'on désigne désormais comme le « père de Léon ».

Un environnement familial propice

Pour le double champion olympique sur 100 m Alain Bernard (2008 et 2012 en relais), « ce contexte familial bienveillant est une grande chance pour la carrière » du nageur de 22 ans. Consultant pour Eurosport, où il a côtoyé Xavier Marchand lors des championnats de natation, il salue « les valeurs et la simplicité » que ses parents apportent à Léon. Leur expérience lui permet de baigner dans un environnement propice à la performance. Leur connaissance du milieu s'est notamment avérée utile début 2020. Attiré depuis longtemps par les universités américaines pour la suite de sa progression, le nageur profite du confinement pour concrétiser sa

Léon Marchand

« Mes parents m'ont laissé faire mes expériences et ont plutôt essayé de me freiner, voire de me dissuader. »

« IL Y AVAIT DE LA PART DU MONDE DE LA NATATION UNE CURIOSITÉ AUTOUR DE CE "FILS DE..." »

Jonathan Cohen, rédacteur en chef de Natation Magazine

démarche. Il sera bien aidé par les conseils de ses parents qui gardent un très bon souvenir des quelques mois d'entraînement de Xavier à Auburn, dans l'Alabama, pour préparer les Jeux d'Athènes. « Mes parents m'ont dit : "Si tu as envie, vas-y, fonce ! Ne te pose pas de questions, que ça marche ou pas, ce sera une bonne expérience" », confiera Léon.

Loin des yeux... mais pas loin du cœur

Malgré les quelque 10 000 kilomètres qui séparent le domicile familial toulousain de l'université Arizona State, le couple Céline Bonnet-Xavier Marchand continue d'assister Léon en centralisant et gérant ses mails, messages ou propositions de partenariats avec l'avocate Carole Bluzat. « Ils aident Léon en lui faisant des retours sur la gestion de l'environnement, lorsqu'ils le voient traîner un peu trop sur les réseaux sociaux, par exemple », décrivait son entraîneur français Nicolas Castel dans *Le Point*.

Aux États-Unis comme dans le reste du monde, la famille Marchand ne manquerait pour rien au monde une compétition de leur champion. Des finales NCAA à Minneapolis, dans le Minnesota, en passant par les Mondiaux de Budapest ou de Fukuoka, à chaque fois, le clan Marchand au complet est présent dans les gradins. « Vous vous rendez compte que mon beau-père était déjà aux Jeux de Séoul en 1988 pour aller voir son fils, Christophe, l'oncle de Léon ? signifiait Céline Bonnet au *Parisien*, lors des Mondiaux 2022. Ça fait partie de nous. » Depuis 2019 et la médaille de bronze sur 400 m 4 nages aux championnats du monde junior de Budapest, la famille n'a plus manqué un exploit du Toulousain. Des championnats au cours desquels Oscar, le petit frère amateur de breakdance, se distingue en brandissant avec énergie et fierté une pancarte en carton à l'effigie de Léon. Un aîné qui se précipite après chaque podium vers son clan pour partager un moment avec ceux dont il a enrichi l'héritage. ●

CHRISTOPHE, L'OUVRE-VOIE

Multiple champion de France et double olympien, l'oncle de Léon a été le premier membre de la famille à briller dans les piscines. Le directeur sportif du club de Clichy ne les a jamais quittées.

Sept fois champion de France du 400 m nage libre, sept fois champion de France du 1 500 m nage libre, deux fois champion de France du 200 m nage libre et deux fois champion de France du 400 m 4 nages. Entre 1990 et 1997, le polyvalent Christophe Marchand a remporté 18 titres de champion de France en performant sur toutes les distances, du 200 au 1 500 m nage libre. Voilà pour le palmarès. À partir de 1988 et jusqu'en 2000, le natif de Choisy-le-Roi a aussi détenu le record de France sur 400, 800 et 1 500 m nage libre, affirmant sa domination sur la natation masculine hexagonale. Mais pas que. Christophe Marchand a également été membre de l'équipe de France lors des Jeux de 1988 et 1992, atteignant même la 5e place sur 400 m nage libre aux Jeux de Barcelone. L'année suivante, il obtient sa plus belle médaille lors des championnats d'Europe, à Sheffield, grâce à sa 3e place sur 4 x 200 m nage libre.

Retraité des bassins depuis 2001, Christophe Marchand est resté dans le milieu de la natation. Il fait valoir son expérience dans l'encadrement technique du CS Clichy 92, son dernier club, qu'il a rejoint en 1996. « Gérard Durant, le président de Clichy, m'avait fait venir car il souhaitait monter une équipe capable de gagner un relais aux championnats de France, ce que nous avons fait, et de viser le podium aux Interclubs », expliquait-il au *Parisien* lors de sa dernière course, en 2001. L'occasion de revenir sur ses vingt et une années de natation et le seul regret de sa carrière : la finale du 400 m nage libre des championnats du monde de 1991, perdue pour un dixième de seconde… « Peut-être aussi aurais-je pu m'investir un peu plus à l'entraînement, reconnaissait-il. Mais j'ai vécu beaucoup de bons moments. »

Des bons moments que le discret oncle de Léon Marchand prolonge désormais à la piscine Gérard-Durant de Clichy, avec la star du club des Hauts-de-Seine, Maxime Grousset. Champion du monde du 100 m papillon en 2023, le sprinter de 24 ans, déjà médaillé mondial à six reprises, est devenu l'une des deux locomotives de la natation française, dans le sillage d'un certain… Léon Marchand. Depuis les gradins des grandes compétitions ou sur les réseaux sociaux, oncle Christophe ne manque d'ailleurs jamais une occasion d'apporter son soutien à son héritier de neveu.

CHRISTOPHE MARCHAND, L'ONCLE DE LÉON, A REMPORTÉ 18 TITRES DE CHAMPION DE FRANCE EN PERFORMANT SUR TOUTES LES DISTANCES.

CÉLINE, INSPIRANTE

Multiple championne de France et finaliste olympique à Barcelone, Céline Bonnet est bien placée pour conseiller son fils aîné. Qu'elle n'hésite pas à reprendre.

« Un jour, en 2017, on s'est dit que ça pourrait le faire en 4 nages donc j'ai fait un 400 m 4 nages à Toulouse, dans la vieille piscine Léo-Lagrange, racontait Léon Marchand à *L'Équipe*. En série, j'ai nagé aux alentours de 5'10" (5'8"85) et ma mère m'a dit: "Ça ne sert à rien de faire du 4 nages pour claquer un temps pareil !" J'avais fait n'importe quoi, j'avais attendu que les autres me rejoignent... La pire course, même si j'étais quand même qualifié pour la finale. Le lendemain, j'ai progressé de 15 secondes (4'53"73). »

Si les remontrances d'une maman font souvent leur effet sur leurs enfants, celles d'une maman olympique sur un prodige de la nation font des étincelles. D'autant qu'en termes de précocité, Céline Bonnet en connaît un rayon. Vice-championne d'Europe junior sur 200 m 4 nages et 400 m 4 nages, *La Marseillaise* était au départ de la finale B olympique en 1992, à seulement 16 ans. Le sommet d'une carrière couronnée par de nombreux titres de championne de France de natation sur 100 m dos en 1991, 200 m dos en 1991 et 1992, 200 m 4 nages en 1991 et 1992, ou encore 400 m 4 nages en 1991 et 1992. Elle a même détenu le record de France du 100 m 4 nages et celui du 200 m 4 nages.

Le parcours de Céline Bonnet a toujours forcé le respect de son fils aîné. En 2022, lors de son premier titre de champion du monde sur une discipline que sa mère nageait, Léon Marchand ne cachait pas son émotion : « Ça représente beaucoup

Céline Bonnet

« On regarde à la fois comme parents et comme techniciens, même si c'est l'affectif qui prime. C'est notre fiston. »

29 juin 2022. Léon Marchand est reçu au Capitole de Toulouse pour recevoir une médaille de la ville. Il est accompagné de ses parents, Xavier Marchand et Céline Bonnet.

parce que ma mère m'a toujours donné beaucoup de conseils sur le 400 m 4 nages. » Dans les tribunes de la Duna Aréna de Budapest, Céline Bonnet confiait au *Parisien* que son œil de mère était toujours accompagné de celui de championne : « On regarde à la fois comme parents et comme techniciens, même si c'est l'affectif qui prime. C'est notre fiston. Là, on a vu qu'il y avait encore des soucis sur ses sorties de coulée, mais qu'il avait progressé en dos. » Pour l'ensemble des spécialistes de la natation, Léon a pris de sa mère sa flottaison, sa légèreté et sa technique. Reconvertie hôtesse de l'air chez Air France, Céline Bonnet a aussi transmis son amour des airs à un fils qui passe son brevet de pilote d'avion.

XAVIER, LE VICE-CHAMPION DU MONDE

Xavier Marchand est une star de la natation française. Reconverti journaliste, il est aux premières loges pour vivre les exploits d'un fils qui a déjà dépassé le père.

Le portrait de Xavier Marchand en bonnet de bain, accroché à l'entrée de la piscine Alfred-Nakache de Toulouse, a longtemps accompagné les entraînements de son fils aîné. À l'image du nageur d'Auschwitz, dont la piscine porte le nom, ou de Jean Boiteux, le premier champion olympique de l'histoire de la natation tricolore, il fait partie des légendes des Dauphins du TOEC (Toulouse Olympique Employés Club). Un statut que le désormais «père de Léon» doit à son titre de vice-champion du monde obtenu dans le magnifique Superdrome de Perth en janvier 1998, lors d'une compétition historique pour la natation française.

Une belle surprise

En effet, en Australie, pour la première fois depuis la création des Mondiaux en 1973, *La Marseillaise* a résonné à la suite de la victoire impressionnante de Roxana Maracineanu sur 200m dos. Après un zéro pointé lors des Jeux d'Atlanta, les nageurs français confirment leur renouveau avec les trois médailles d'argent de Jean-Christophe Sarnin en 200m brasse, Franck Esposito sur 200m papillon et donc Xavier Marchand sur 200m 4 nages. Lors d'une course à suspense, le vice-champion d'Europe 1997 arrache une impensable 2e place à 48 centièmes du Néerlandais Marcel Wouda. «C'est quand même un petit peu une surprise», confiait-il à France 3 Toulouse quelques heures après son retour dans l'Hexagone, en revisionnant les images de son podium, un chapeau de cow-boy sur la tête. La coupe en brosse, le costaud et souriant nageur des Dauphins du TOEC depuis 1996 l'avoue: «J'ai encore du mal à réaliser. On avait une tactique avec Lucien Lacoste, mon entraîneur. Avant l'échauffement, il m'avait dit de partir tranquille en pap', puis d'essayer de contrôler en dos et lâcher tout en brasse et en crawl. C'est exactement ce que j'ai fait», s'amusait le natif de Deauville, âgé de 24 ans, qui ne sait pas encore qu'il vient d'obtenir la plus belle médaille de sa carrière. Médaillé de bronze aux championnats d'Europe d'Helsinki en 2000, puis finaliste et 7e aux Jeux de Sydney la même année, le Normand prend sa retraite après les Jeux d'Athènes, en 2004. Léon a 2 ans et va rapidement se familiariser avec

20 août 1997. De gauche à droite : Xavier Marchand, Roxana Maracineanu, Franck Esposito et Julien Sicot, aux championnats d'Europe de Séville. Xavier Marchand y obtient la médaille d'argent au 200 m 4 nages.

le club des Dauphins du TOEC, dont les parents restent adhérents.

Léon, sur les pas du père

« Xavier Marchand a eu une grosse influence sur Léon, auquel on le compare depuis tout petit, confirme Jonathan Cohen. De son père, qui n'était pas le nageur le plus technique, le jeune homme a hérité d'un tempérament de battant et il a toujours avoué que cela l'avait motivé d'aller plus vite que son géniteur. » Une prouesse que le prodige, né le 17 mai 2002, a accomplie le 24 août 2019 en remportant la médaille de bronze des Mondiaux juniors et en battant un record de France du 400 m 4 nages que son père avait détenu de 1997 à 2000. En décembre de la même année, le sourire aux lèvres, le blondinet qualifiait pour France 3 Toulouse son paternel de « champion sympathique et nonchalant ». Et reconnaissait « sa fierté de suivre son exemple et même de l'avoir surpassé à Budapest. Je regarde ses courses sur YouTube, il avait un très beau finish, j'essaye de m'en inspirer ».

Quand l'élève dépasse le maître

Devenu journaliste reporter d'images pour France 3 Occitanie, Xavier Marchand n'est jamais très loin lorsque sa graine de champion réussit un exploit. Aux côtés d'Alexandre Boyon, le visage de la natation pour France Télévisions, il a couvert de nombreux championnats. Et se trouvait en bord de piscine lorsque le 18 juin 2022 son fils a ouvert son palmarès mondial en remportant le le 400 m 4 nages. Léon rejoint par la même occasion Xavier, le père, qui était le dernier médaillé français dans la discipline, en 1998, sur la distance inférieure (200 m 4 nages). « Il a été vice-champion sur 200 m, moi je suis champion du monde sur 400 m... Je l'ai battu, cette fois », s'amusera-t-il devant la presse juste après sa victoire. Un titre qu'il n'oublia pas de dédier à un père qu'il dépassa une deuxième fois quatre jours plus tard, en décrochant le titre qu'il avait touché du doigt vingt-quatre ans auparavant, sur 200 m 4 nages. Marchand rime avec 4 nages.

2

Dauphin toulousain

Un club historique, une rencontre fondatrice et une progression constante sont les clés de l'éclosion du champion Léon Marchand. Une construction durant laquelle la natation n'a pas toujours tenu le premier rôle.

ALFR
RECOR
5
4

Piscine Alfred-Nakache, à Toulouse, où Léon Marchand a effectué ses premières longueurs. Le bâtiment de style art déco a été construit en 1931 et est classé aux Monuments historiques.

UN DAUPHIN DU TOEC

Licencié au TOEC depuis son enfance, Léon Marchand a baigné dans un club familial, riche de son histoire et de ses valeurs. Et dont il perpétue l'héritage à l'échelle internationale.

Mais d'où vient ce « TOEC », toujours associé au nom de Léon Marchand ? « Il est le fruit de la réunion de deux clubs : le Toulouse Olympique et le Toulouse Employés Club, en 1908 », déroule Vincent Gardeau, président depuis 2012 du club plus que centenaire. La natation se pratique alors dans la Garonne ou dans le canal de Brienne et la compétition principale est la traversée de la Garonne en décembre. Dans une ville rose où le Stade toulousain est roi, le rugby est alors son activité principale, même si la municipalité socialiste inaugure la piscine art déco de l'architecte Jean Montariol, connue aujourd'hui sous le nom d'Alfred-Nakache, sur l'île du Ramier en 1931. Le bassin de 50 m, baptisé Castex, ouvre en 1936 et, en 1938, la branche natation prend son envol des autres activités du club pour devenir Les Dauphins du TOEC. Le club de natation mythique, dont la riche histoire sera intimement liée à celle de la France, est né.

Le plus prestigieux club de France

Pendant vingt ans, les succès des Toulousains portent la patte et le nom d'Alban Minville, l'entraîneur novateur des Vallerey, Babey, Bernardo, Jany ou encore Boiteux qui connaîtront pour la plupart les podiums olympiques et européens. En 1947, le relais de l'équipe de France, qui se classe vice-champion d'Europe à Monaco, est composé uniquement de nageurs du TOEC : Alex Jany, Georges Vallerey, Jehan Vallerey et Charles Babey. Et c'est le titre olympique de Jean Boiteux sur 400 m nage libre, en 1952 à Helsinki, qui finira de faire du club occitan la crème de ce qui se fait en France. La photo du père du jeune nageur, Gaston, qui se jette dans le bassin habillé et coiffé du béret basque pour embrasser et féliciter son fils, devient mythique. Il faudra d'ailleurs attendre Laure Manaudou en 2004, sur 400 m nage libre également, pour revoir de l'or au cou d'un nageur ou d'une nageuse tricolore. Mais de tous les champions qui ont fait la légende du TOEC, l'histoire du club toulousain restera pour toujours associée au destin hors du commun d'Alfred Nakache.

Alfred Nakache, pour la postérité

Nageur de talent, surnommé « le Poisson » grâce à ses titres nationaux obtenus dès 17 ans, le natif de Constantine qui s'entraîne à Paris participe aux Jeux de Berlin

20 juillet 1952, Helsinki. Gaston Boiteux saute dans le bassin rejoindre son fils, Jean, qui vient de devenir le premier champion olympique français en bassin de 50 m, grâce à sa victoire en 400 m nage libre.

18 juin 1938.
Autre champion du TOEC : Alfred Nakache, surnommé « le Nageur d'Auschwitz », lors des championnats de Paris. Il donnera son nom à la piscine de Toulouse.

L'HISTOIRE DU CLUB TOULOUSAIN RESTERA POUR TOUJOURS ASSOCIÉE AU DESTIN HORS DU COMMUN D'ALFRED NAKACHE.

de 1936, en pleine montée du nazisme. En raison de ses origines juives, il se voit privé du droit d'exercer son métier de professeur d'éducation physique en 1940 et rejoint Toulouse et la zone libre. Licencié au TOEC, Alfred Nakache pique à l'Allemand Joachim Balke les records d'Europe des 100 et 200 m brasse, puis le record du monde du 200 m brasse à Marseille en juillet 1941. L'année suivante, aux championnats de France de natation à Lyon, il s'impose dans six épreuves sur huit et ajoute à ses records celui du 400 m nage libre. Des victoires qui, dans le contexte de la Seconde Guerre mondiale, agacent et provoquent la jalousie. Le Dauphin est dénoncé et arrêté par la Gestapo en 1943 avec sa femme et sa fille de deux ans. Ils sont déportés à Auschwitz en janvier 1944 et Paule et Annie sont gazées dès leur arrivée. Alfred, lui, est transféré à Buchenwald, où il fera partie des 47 survivants lors de la Libération en mai 1945. Ne pesant plus que 40 kg, il revient à Toulouse où tout le monde le pensait mort et dont la piscine municipale a été baptisée à son nom. En bord de Garonne, « le Nageur d'Auschwitz » se reconstruit physiquement et mentalement pour un an après son retour, retrouver le haut niveau et battre le record du monde du 3 x 100 m avec le TOEC, dont il défend les couleurs aux Jeux de Londres en 1948, gravant ainsi son nom pour la postérité.

De dignes héritiers

À l'image de la natation française, le club connaît ensuite une traversée du désert jusqu'à l'arrivée, en 1984, de Bruno Gutzeit. Spécialiste du papillon, il se constitue un très beau palmarès : trois titres de vice-champion d'Europe, remporte la Coupe du monde en papillon en 1992, est finaliste aux championnats du monde de Perth en 1991, aux Jeux de Séoul en 1988 et de Barcelone en 1992. En 1996, une autre gloire du club, Xavier Marchand, rejoint les Dauphins du TOEC et devient vice-champion du monde du 200 m 4 nages en 1998. Avec la nageuse Solenne Figuès, championne d'Europe à Madrid dans le 4 x 100 m nage libre et médaillée de bronze aux Jeux d'Athènes en 2004, il incarne le TOEC qui gagne. Championne du monde en 200 m nage libre en 2005 à Montréal, elle apporte le premier et seul titre mondial du club toulousain… Jusqu'à juin 2022 et le doublé de Léon Marchand à Budapest.

Malgré son exil aux États-Unis en septembre 2021, le désormais quintuple champion du monde, continue d'être licencié dans sa ville natale. À chaque passage en bord de Garonne, lorsque la saison universitaire américaine se termine, il vient s'entraîner dans les bassins où il a appris à nager à 3 ans et où il remporta sa première course à 9 ans. « Le meilleur nageur du monde est Toulousain ! glisse avec tendresse Vincent Gardeau, le président du club aux 1 800 licenciés. Il est passé par toutes les catégories du club. On l'a vu naître. » Cet ami de la famille se félicite que la star de la natation « perpétue les valeurs de courage, d'abnégation et d'esprit de famille des Dauphins du TOEC, héritées des histoires exceptionnelles de leurs aînés ». Des légendes dont les portraits s'affichent sur les murs de l'entrée de la piscine toulousaine et que Léon Marchand a déjà rejoint et dépassé, depuis qu'il défend fièrement les couleurs vert et blanc du club. Lors des derniers Mondiaux, à Fukuoka, le futur triple champion du monde était le leader d'un groupe composé de six nageurs du club toulousain : Guillaume Guth, Antoine Herlem, Wissam-Amazigh Yebba, Fantine Lesaffre, Assia Touati. Aux Jeux de Paris, il permettra également au TOEC de poursuivre sa série historique de participation aux Jeux : « Depuis 1988, nous avons toujours eu un nageur qualifié », se félicite le président. Une dixième olympiade consécutive, qui vient récompenser le travail des 25 éducateurs d'un club dont Léon Marchand continue de suivre l'actualité au quotidien, *via* les groupes WhatsApp qu'il partage avec ses amis toulousains. « Il est toujours resté fidèle au club et ne manque jamais une occasion de féliciter ou d'encourager nos licenciés », confie Vincent Gardeau. Résultat : « Lorsque Léon revient, même si c'est de plus en plus l'émeute pour le voir, on a l'impression qu'il n'a jamais quitté les Dauphins. » Une loyauté que les licenciés célèbrent au club lors de chaque victoire de leur champion. « C'est un prolongement de ma famille », confiait le nageur lors de sa remise de la médaille de la ville de Toulouse, en 2022. Un bel héritage auquel le jeune Léon aurait pu tourner le dos très tôt.

JUDO, RUGBY OU NATATION?

Si le petit Léon a découvert très tôt la piscine Alfred-Nakache avec ses parents, il n'est pas tombé amoureux de la natation au premier coup de brasse. Il a même failli ranger son maillot de bain enfant.

« Là, ça n'a pas été très concluant », admettait Xavier Marchand en se rappelant des premiers pas de Léon dans la natation, dans les colonnes du quotidien *Le Monde*. Aux Dauphins du TOEC, le « fils de » la légende locale, retraité en 2004, découvre l'eau des bassins de la piscine Alfred-Nakache à 3 ans. Dans le club historique et familial de Toulouse, le couple olympique Marchand-Bonnet est connu de tous et leur petit forcément scruté avec attention. Pourtant, rapidement, le petit Léon s'ennuie à la natation. « J'étais gringalet et j'avais trop froid dans l'eau », se remémore le Toulousain, qui, pendant plusieurs mois, troque bonnet et slip de bain pour s'essayer à d'autres sports. Un dojo se trouve à côté de la maison ? Il expérimente le judo, sans grande conviction. Les stars de la ville sont les joueurs du Stade toulousain ? Léon tente le rugby, sans jamais se sentir l'âme d'un Antoine Dupont.

Enfant réservé, Léon Marchand n'a pas encore l'esprit de compétition et a déjà besoin de plaisir pour se consacrer à un sport. À 7 ans, le blondinet aux yeux bleus reprend tout de même le chemin des bassins lors des vacances scolaires, sans pression. Frappée par les qualités indéniables de technique, de flottaison et de légèreté de l'enfant, Peggy Dutilleux, coach au TOEC et nounou de Léon lorsque ses parents s'entraînaient aux États-Unis, l'invite à persévérer. Chaperonné par cette amie de la famille, le blondinet reprend la nage, une fois par semaine, d'abord « juste pour faire du sport ».

Il faut attendre que se profile l'entrée en 6e pour que Léon Marchand décide de se consacrer pleinement à la natation. À la surprise de ses parents, l'écolier souhaite intégrer le collège Marcellin-Berthelot et ses horaires aménagés pour nager tous les jours, plutôt qu'un établissement de meilleure réputation. Céline Bonnet et Xavier Marchand comprennent que leur fils aîné, 11 ans, prend goût à leur sport. Il leur faudra encore attendre quelques années, pour que cette passion grandissante ne se transforme en amour de la compétition.

Shooting de *L'Équipe* des photos de Léon Marchand enfant, dans la piscine Alfred-Nakache de ses débuts en juin 2023.

PRÉCOCE, MAIS PAS TROP

Pas aidé par une croissance tardive, Léon Marchand est un adolescent normal et un sportif dans la moyenne. Sérieux et travailleur, il pose les fondations d'un futur champion qui prend goût à la compétition.

« Adolescent, Léon n'a jamais été le meilleur nageur français dans sa catégorie d'âge. Il n'était pas mauvais, mais il n'était pas très bon », confie Vincent Gardeau. Président du club des Dauphins du TOEC depuis 2012, cet ami de la famille Marchand est un observateur avisé de la progression du futur champion du monde. « Il était difficile de s'imaginer que ce garçon réservé, qui pouvait ralentir pendant une série, juste pour ne pas être devant ses copains, allait tout casser ! » Avec son physique modeste, Léon Marchand se développe loin des regards et dans la discrétion. « Jusqu'à 13-14 ans, il était un peu plus petit et plus fin par rapport aux garçons de son âge et pendant longtemps, il n'a pas mis de combinaison car il n'y en avait pas à sa taille, poursuit Vincent Gardeau. Même s'il nageait bien et s'il essayait de faire du mieux possible, il était dans la moyenne. »

1er temps : battre les records de son père

Le collégien touche-à-tout et curieux a beau être studieux, une carrière dans la natation est, à ce moment-là, loin de se dessiner. C'est à partir du pôle Espoir de Toulouse que le nageur va développer un féroce esprit de compétition. « J'ai eu un déclic en seconde et j'ai commencé à nager pour battre des records, surtout ceux de mon père. J'en voulais toujours plus, faire toujours mieux », se remémore l'ancien élève du lycée Bellevue, dont les cours aménagés permettent un entraînement intensif. Léon Marchand nage pendant deux heures, neuf fois par semaine, sans compter les séances de musculation. La

Vincent Gardeau, président du club des Dauphins du TOEC

« Il était difficile de s'imaginer que ce garçon réservé allait tout casser ! »

18 avril 2019. Léon Marchand est sacré champion de France du 200 m papillon.

technique naturelle de l'adolescent qui n'a jamais baissé les bras profite alors de sa croissance éclair de 20 cm en deux ans. Enfin à maturité physique à l'approche de ses 16 ans, le Dauphin revoit ses ambitions : la natation devient un objectif concret.

2e temps : accumuler les titres

En novembre 2018, Léon Marchand éclabousse de son talent les championnats de France en petit bassin, en réalisant huit meilleures performances françaises de l'année dans sa catégorie d'âge sur les 100, 200 et 400 m 4 nages, mais aussi sur le 100 et 200 m papillon. De bonnes performances du « fils de Xavier Marchand », qui permettent à Léon d'intégrer la liste des promesses de la natation française des spécialistes de *Natation Magazine*. Impressionnant lors des championnats de France juniors de 2019 où il a accumulé quatre titres (100 et 200 m brasse, 400 m 4 nages et 100 m papillon), il confirme lors des championnats de France à Rennes la même année et décroche la couronne nationale sur 200 m papillon et le bronze sur 200 m 4 nages. À moins de 17 ans, Léon Marchand améliore tous ses chronos et se signale au monde de la natation. « C'est vrai que depuis deux ans je connais une grosse progression », reconnaît celui qui, à force de travail et de persévérance, a franchi toutes les étapes jusqu'au plus haut niveau. Léon Marchand n'a pas connu la précocité d'un Michael Phelps, qualifié dès ses 16 ans aux Jeux de Sydney, mais aux côtés de son inséparable entraîneur, Nicolas Castel, il est prêt à poser les fondations pour conquérir le monde.

NICOLAS CASTEL, LE MENTOR

Au TOEC, Léon Marchand fait la rencontre de son coach historique, Nicolas Castel. Depuis ses 13 ans, cet entraîneur novice grandit aux côtés du champion, dans une relation gagnant-gagnant.

« C'est l'éternelle question, en natation ou dans les sports individuels, lors de l'éclosion d'un champion. Qui de l'entraîneur ou de l'athlète a fait le succès et la réputation de l'autre ? » À l'image du célèbre paradoxe de l'œuf ou de la poule, le double champion olympique, Alain Bernard, ne saurait dire qui, du talent de Léon Marchand ou de la formation de Nicolas Castel, a le plus contribué à la réussite de l'autre. Et si pour l'ensemble des observateurs, la réponse semble si difficile à trancher, c'est parce que dans le cas de ces deux apprentis ambitieux et travailleurs, c'est le duo qui a façonné un quintuple champion du monde.

Une reconversion gagnante

Léon Marchand a 3 ans lorsqu'il croise pour la première fois Nicolas Castel au bord des bassins des Dauphins du TOEC. L'ancien nageur de Blagnac, qui n'a pas réussi à percer dans son sport, s'est installé à Toulouse en 2003 avec la volonté de devenir entraîneur de natation. Après plusieurs années de voyages et de travail dans la restauration, Nicolas Castel souhaite revenir à sa première passion et commence à passer ses diplômes en tant que bénévole, au sein de l'école de natation aux côtés de Lucien Lacoste et Frédéric Barale. Hyper-motivé, le trentenaire fait ses gammes en passant par toutes les catégories du club mythique et en se nourrissant de ses formations pour la partie théorique et de ses rencontres pour l'expérience. Il débute en toute humilité avec les enfants de 3 ans à l'école de natation des Dauphins du TOEC et évolue chaque année en changeant de groupe. « Apprendre à gérer des jeunes et leurs parents constitue un réel atout avant d'entraîner un groupe de haut niveau », expliquait-il à *Natation Magazine*. Cela lui permet également d'accompagner la progression de jeunes nageurs, à l'image d'un certain Léon qu'il côtoie à partir de 2009 et qui le frappe par son état d'esprit exemplaire : « Il était toujours dans la justesse de ce qui était demandé. On lui proposait une série, il ne râlait pas et la faisait du mieux possible, vite et bien. On peut dire qu'il a très vite été un bosseur. »

Nicolas Castel, le coach français de Léon Marchand lors des championnats de France 2023.

Nicolas Castel

« On peut dire que Léon a très vite été un bosseur. »

Une progression mutuelle pas à pas

Nicolas Castel devient officiellement l'entraîneur de la catégorie de Léon Marchand lors de ses 13 ans, et « l'alchimie prend tout de suite, se rappelle Vincent Gardeau, le président des Dauphins du TOEC depuis 2012. Le duo est devenu inséparable, guidé par une même soif d'apprendre et une grosse capacité de remise en question » Pourtant, l'éclosion des deux outsiders n'avait encore rien d'évident. « Léon n'avait rien d'exceptionnel mais il était moyen-bon partout. Il nageait en crawl, en papillon, en brasse, il était capable de vitesse comme de nager long. C'est là que j'ai pu remarquer sa polyvalence », se souvient Nicolas Castel, qui, le premier, discerne un potentiel chez le Toulousain. Pour combler le déficit physique de Léon Marchand, le duo accentue son travail sur la technique et les ondulations, comprenant très vite qu'il fallait être fort sous l'eau pour devenir performant. « Il a la finesse et un rapport à l'eau inné qu'on a poussé un peu », expliquait le coach. Le duo prend l'habitude de nager longtemps, avec des séances de plus de deux heures qui posent les fondations des succès du futur champion.

Un duo de choc

En 2017, Léon se qualifie pour les championnats de France et réalise qu'il est capable de défier les meilleurs. Leur travail en binôme a porté ses fruits. D'autant que Léon ajoute une corde à un arc de plus en plus impressionnant : l'esprit de compétition. Le titre de champion de France sur 200 m papillon et les trois médailles de bronze aux championnats d'Europe et aux Mondiaux juniors sur 400 m 4 nages et 200 m brasse attestent d'une progression fulgurante dont le point culminant sera les Jeux de Tokyo. À 19 ans seulement, Léon Marchand s'invite en finale d'un 400 m 4 nages dont il est le plus jeune nageur et le plus petit gabarit. Le Dauphin termine 6e, pour le plus grand plaisir d'un mentor qui laisse son protégé mettre le cap vers les États-Unis à l'issue de la compétition. Sans pour autant couper le cordon avec Léon, qui impose à la légende Bob Bowman de conserver Nicolas Castel comme co-entraîneur. Le prolifique duo a évolué en un super-trio insolite.

« Le duo est devenu inséparable, guidé par une même soif d'apprendre et une grosse capacité de remise en question. »

Vincent Gardeau

TYR
speedo

Aquaman

Léon Marchand ne dispose pas de capacités physiques exceptionnelles comparé à certaines stars de la natation. Il a su faire de cette particularité une force pour nager mieux, plus vite et plus longtemps.

UN PHYSIQUE « NORMAL »

De l'avis des spécialistes, le gabarit de Léon Marchand n'a rien d'impressionnant par rapport à ses adversaires. Un déficit de taille et de puissance, dont il a su faire une force.

« Ce n'est pas un golgoth », exprime le rédacteur en chef de *Natation Magazine*, Jonathan Cohen. « Un physique quelconque », constate le visage de la natation sur France Télévisions, Alexandre Boyon. « Il n'a rien d'un monstre », note Alain Bernard, et ses 1,96 m pour 90 kg. Il est vrai que comparé au double champion olympique du 100 m, les mensurations de Léon Marchand apparaissent presque ordinaires. Avec ses 1,87 m pour 77 kg, le nageur de 22 ans ne dispose pas du physique de sprinter de Florent Manaudou (1,99 m et 99 kg) ou de l'envergure de l'homme aux 28 médailles olympiques, Michael Phelps, et ses 1,93 m pour 90 kg.

Faire de ses spécificités une force

« Léon Marchand a pris le profil aquatique de sa maman plutôt que celui musculeux de son papa », analyse Alexandre Boyon. « J'ai un physique normal, pas extraordinaire, c'est juste que j'ai une relation différente avec l'eau », avouait au *Monde* le Toulousain que le déficit de taille n'a jamais complexé ou découragé dans sa progression. « Il y a plein de nageurs qui sont comme moi ! J'en connais tellement en France qui se disent: faut que je prenne de la masse, faut que ceci, faut que cela... Alors qu'il suffit de rester nous-mêmes, de trouver ses qualités par rapport à ce qu'on a, et pas par rapport à ce que les autres font. » Une recette que le Dauphin du TOEC a parfaitement réussi à mettre en application avec Nicolas Castel afin de faire de ses spécificités physiques une force.

Une morphologie pour le 4 nages

« La natation est un sport d'allonge et d'endurance et on sent que Léon Marchand a compris plein de choses très tôt, pour exprimer son potentiel au maximum », salue

> « DEPUIS SON EXIL AUX ÉTATS-UNIS, LÉON A PRIS DE LA MASSE ET DE LA PUISSANCE. »
>
> *Jonathan Cohen, rédacteur en chef de* Natation Magazine

Léon Marchand
1,87 m pour 77 kg

Michael Phelps
1,93 m pour 90 kg

Florent Manaudou
1,99 m pour 99 kg

Alain Bernard. Pour le nageur d'Antibes, « il a eu l'intelligence de compenser son manque de puissance par une maîtrise parfaite des fondamentaux de la natation ». D'autant que même s'il n'est pas le plus costaud des bassins, Léon bénéficie de particularités physiques importantes pour son sport : une longueur de bras importante qui l'aide à se propulser dans l'eau. Et des grandes mains, longues et fines, qui lui permettent d'aller chercher de plus grandes masses d'eau en profondeur. « La morphologie de Léon Marchand est optimisée pour le 4 nages et l'endurance que requiert cette spécialité », complète Jonathan Cohen. Le rédacteur en chef de *Natation Magazine*, observateur avisé de l'évolution du nageur depuis 2017, note également une évolution importante ces derniers mois : « Depuis son exil aux États-Unis, Marchand n'est plus du tout le gringalet qu'il pouvait être par rapport aux autres nageurs de sa catégorie à l'adolescence. Il a pris de la masse et de la puissance », souligne le spécialiste. Tout en préservant ses qualités naturelles de nage.

LA PUISSANCE AMÉRICAINE

Aux États-Unis, Léon Marchand s'est étoffé grâce à ses neuf entraînements hebdomadaires et à un programme de musculation concocté par Bob Bowman. Objectif : gagner en puissance et en endurance.

« J'ai grandi depuis que je suis parti aux États-Unis, je mesure maintenant 1,87 m et je pèse 77 kg à mon poids de forme. J'ai un peu pris du poids, la faute aux burgers ! » Dans un grand sourire, Léon Marchand reconnaissait, en juin 2023, lors de son retour à Toulouse, que ses deux années à Tempe avaient contribué à le faire évoluer physiquement. « La nourriture est quand même vachement plus grasse là-bas, on mange beaucoup de burgers, de pizzas », décrivait-il. Et si la gastronomie universitaire américaine a eu un impact sur son poids, ce sont surtout les trois séances de musculation par semaine, et les neuf entraînements, qui ont fait évoluer la corpulence du quintuple champion du monde.

Une métamorphose rapide

« Entre le Léon Marchand longiligne et peu musclé des Jeux de Tokyo et celui qui est revenu des US un an plus tard, j'ai trouvé qu'il y avait une réelle métamorphose », confie Jonathan Cohen, le rédacteur en chef de *Natation Magazine*. Une transformation qui est le fruit du travail de Bob Bowman, l'ancien coach de Michael Phelps. Dans l'Arizona, l'entraîneur américain a tout de suite cerné que la technique de son protégé pouvait être enrichie par un étoffement de sa musculature. « Léon va prendre naturellement à force de longueurs et en vieillissant, mais nous avons aussi engagé un travail pour qu'il se développe physiquement et gagne en puissance, en résistance et donc en vitesse », décrivait-il. Lors de son arrivée à Arizona State, le Toulousain a, par exemple, débuté par un cycle d'entraînement d'une séance de nage et d'une séance de musculation quotidienne.

Des progrès constants

« Je suis beaucoup plus puissant, reconnaissait d'ailleurs le Toulousain quelques mois après son arrivée aux US. J'ai fait beaucoup d'haltérophilie, je travaille sur mon explosivité, ce qui m'aide beaucoup pour les départs. » Une préparation physique bénéfique pour la progression du nageur, comme l'expliquait Nicolas Castel à *L'Équipe*: « Il est non seulement capable de faire ses coulées pendant toute une course, mais également plus vite. Ça lui sert énormément, on voit qu'il réalise au minimum

14 juin 2023. Léon Marchand est suivi de son entraîneur américain Bob Bowman lors des championnats de France.

15 yards (13,72 m) de coulées. Sur un 100 yards (91,44 m), il en fait 60 sous l'eau et en nage 40. C'est intéressant de voir qu'il continue de travailler et progresser sur ce qui était déjà un point fort. » Et cela se répercute aussi dans la nage, notamment le dos et crawl sur lesquels Bob Bowman s'est concentré lors de sa dernière saison universitaire depuis la reprise.

Cela veut-il dire que la prise de masse du champion va continuer ? « J'ai l'impression que Léon Marchand a atteint un poids de forme idéal », observe Alain Bernard. Pour le consultant d'Eurosport, « trop de muscles pourrait entraîner un risque de résistance à l'eau ou de fatigue précoce préjudiciable ». Mais nul doute que l'expérimenté entraîneur américain en est parfaitement conscient. « Depuis que Léon Marchand est aux États-Unis, sa nage ne s'est pas détériorée, salue le double champion olympique. Il a seulement gagné en vitesse et en endurance. »

UNE CAPACITÉ D'ENCHAÎNEMENT PHÉNOMÉNALE

Grâce à un métabolisme unique, Léon Marchand est capable d'enchaîner et de remporter les courses avec une facilité déconcertante. Il bénéficie aussi des précieux conseils et de l'expérience de Bob Bowman.

51 minutes. C'est le temps qu'il a fallu à Léon Marchand pour remporter l'argent sur 200 m papillon, d'enchaîner par le podium pour recevoir sa médaille, puis de nager une deuxième course qui lui permit de rejoindre la finale du 200 m 4 nages. Avec en bonus deux records de France. Nous sommes alors en juin 2022, aux Mondiaux de Budapest, et le jeune Léon Marchand, tout juste titré champion du monde sur 400 m 4 nages, impressionne. « Si j'avais pu faire six courses, j'en aurais fait six ! » confie le nageur de 20 ans à la fin de cette journée marathon. Pourquoi ? « Parce que cela fait plus d'émotions dans la même après-midi tout simplement », poursuit celui qui semble déjà remis de ses efforts. « Il a une faculté de récupération qui est hors norme », réagissait Denis Auguin au micro de RMC. « Il était à 1,2 ou 1,3 de lactate, c'est-à-dire presque 0, comme quelqu'un qui marche tranquillement dans la rue », confiait le directeur des équipes de France à propos de ce prélèvement sanguin qui permet de mesurer le niveau de fatigue musculaire.

Une question d'habitude et...

Cette facilité à enchaîner les compétitions n'est pas nouvelle pour le Toulousain. Lors des championnats de France de Rennes, en 2023, il a, par exemple, remporté cinq titres (200 m brasse, 200 m papillon, 200 m nage libre et 200 et 400 m 4 nages), en cinq jours de compétition. « Une semaine très intense et fatigante », entre pression médiatique et restes d'un stage intensif d'un mois en altitude dans le Colorado. C'est d'ailleurs aux États-Unis, depuis septembre 2021, qu'il a pris pour habitude de multiplier les courses du championnat universitaire américain et de briller lors des finales NCAA au rythme redoutable. Bob Bowman, son entraîneur, relevait d'ailleurs les progrès de son protégé à ce niveau. « Il a un super mental et quand vous avez ce mental et la préparation physique qu'il a eue, vous pouvez le faire. Il a fait les choses les unes après les autres. Il a mis l'énergie où il devait la mettre ; ne pas se disperser là où il ne doit pas et y aller avec du détachement », expliquait celui qui a déjà vécu les enchaînements de courses avec Michael Phelps. À Pékin, en 2008, le nageur le plus titré de l'histoire avait d'ailleurs remporté les huit courses sur lesquelles il s'était engagé. Les conseils et la philosophie de Bob Bowman, pour qui, « la plus belle médaille est toujours la suivante », sont précieux pour canaliser Léon Marchand, dans les choix de courses, lors des compétitions où elles se chevauchent.

« IL A MIS L'ÉNERGIE OÙ IL DEVAIT LA METTRE ; NE PAS SE DISPERSER LÀ OÙ IL NE DOIT PAS ET Y ALLER AVEC DU DÉTACHEMENT. »

Bob Bowman, caoch de Léon Marchand

... une question de choix

Lors des Mondiaux 2023, son entraîneur lui conseille ainsi de faire l'impasse sur le 200 m brasse, alors qu'il détenait la meilleure performance mondiale de l'année, car dix minutes seulement séparaient la demie de la finale du 200 m 4 nages, où il devait défendre son titre de 2022. « Dix minutes d'intervalle, ce n'est pas possible. Même Michael [Phelps] ne pouvait pas le faire, et c'est la raison pour laquelle je ne l'avais pas autorisé à enchaîner le 200 m 4 nages et le 200 dos à l'époque. Si c'est pour essayer et être battu dans les deux, quel est l'intérêt ? » expliquait l'entraîneur américain du fougueux Français. L'expérience des grands rendez-vous de Bob Bowman, présent aux côtés de Léon Marchand, sera très utile lors des Jeux de Paris, où le même problème risque de se poser. L'ancien étudiant des Sun Devils visera les titres olympiques sur 400 m 4 nages le 28 juillet et le 200 m 4 nages les 1er et 2 août, les deux épreuves dont il est double champion du monde en titre. Il pourrait aussi se lancer le pari fou de doubler le 200 m brasse et le 200 m papillon prévus les 30 et 31 juillet, tout comme le relais du 4 x 200 m. Si Léon Marchand a déjà annoncé qu'il souhaitait s'engager sur le maximum de courses, son entraîneur veille au grain. « On va garder l'esprit ouvert, observer l'évolution du programme, glissait-il à *L'Équipe*. S'il y a un choix à faire, on optera pour l'épreuve dans laquelle Léon aura le plus de chance de gagner. » *In Bob we trust.* •

À L'ÉCOUTE DE SON CORPS

Repos, nutrition, sommeil... Léon Marchand ne laisse la place à aucun détail. Du haut de ses 22 ans, il dispose déjà d'une maturité et d'une connaissance de son corps impressionnante.

Ciao Roma ! À l'issue de ses premiers championnats du monde, à Budapest entre le 18 juin et le 3 juillet 2022, Léon Marchand en ressent le besoin : il doit souffler et se ressourcer physiquement et mentalement. Alors qu'il aurait certainement pu briller aux championnats d'Europe de Rome, du 11 au 21 août, le tout récent double champion décide de faire une croix sur la compétition italienne. L'étudiant de 20 ans préfère prendre des vacances, en vue d'une année 2023 qui s'annonce chargée, entre championnat universitaire américain et Mondiaux au Japon en juillet. Il faut dire que depuis le confinement, au début de l'année 2020, le Toulousain a enchaîné les championnats de France, les Jeux de Tokyo, et une saison universitaire épuisante... « J'avais besoin de faire une pause », confesse le protégé de Bob Bowman, l'ancien entraîneur de Michael Phelps, dont il ne se préoccupe pas de la comparaison. « En quatre ou cinq ans, Michael n'a pas eu un jour sans entraînement. Même moi qui m'entraîne déjà beaucoup, je ne pense pas être capable de faire ça... » reconnaît-il avec lucidité.

Une maturité impressionnante qui témoigne du perfectionnisme d'un athlète qui, à 22 ans, ne laisse déjà aucune place au hasard. « Je fais plus attention à mon hydratation et j'ai amélioré ma nutrition en réalisant un test ADN pour savoir quels ingrédients j'absorbe le mieux, décrivait-il dans une interview à *Natation Magazine*. J'ai appris pas mal de choses à ce niveau-là et je sais désormais de quoi mon corps a besoin. Grâce à cela, je suis moins tombé malade, je récupère mieux et suis plus régulier à l'entraînement. » Un sens du détail apporté également au sommeil pour

Léon Marchand

« Je fais plus attention à mon hydratation et j'ai amélioré ma nutrition pour savoir quels ingrédients j'absorbe le mieux. »

6 janvier 2024. Léon Marchand s'étire avant l'épreuve du 100 yards brasse d'Arizona State contre l'université du Grand Canyon.

lequel le nageur consulte un spécialiste aux Pays-Bas. Objectif ? Optimiser sa gestion des voyages en avion et des jet-lags. À l'image de nombreux sportifs, Léon Marchand porte également des lunettes avec de la lumière bleue le soir, afin de mieux dormir. « Tout ce que je vais faire dans la journée, c'est pour être meilleur à l'entraînement le lendemain, reconnaît un quintuple champion du monde pleinement tourné vers la performance. Avant, je m'inspirais de ce que j'observais, mais maintenant, je commence à bien connaître mon corps donc je continue sur mon propre chemin. » Lancé vers la victoire.

speedo

Un nageur maître

Meilleur nageur de l'histoire sur les coulées, Léon Marchand dispose de qualités aquatiques naturelles et d'une polyvalence rare qui lui permettent d'exceller en brasse, en papillon et surtout en 4 nages.

LE COME-BACK DU 4 NAGES

Aussi à l'aise en 4 nages, en brasse ou en papillon, Léon Marchand fait preuve d'une polyvalence exceptionnelle dans la natation. Un héritage familial évident qui a remis sa spécialité sur le devant de la scène.

« La natation a évolué ces dernières années et aujourd'hui, tout est différent. On se spécialise sur une ou deux épreuves ; plus, c'est compliqué. C'est très rare de trouver des nageurs avec de la polyvalence », observait Jérémy Stravius dans une interview à 10Sport. Pour le triple médaillé olympique en relais lors des Jeux de Londres et de Rio, cela rend d'autant plus « exceptionnelles » les performances de Léon Marchand. « Je trouve qu'il a eu du culot, et du courage, de s'aligner sur autant d'épreuves. Pour la natation française, et pour la natation en général, c'est exceptionnel d'avoir un Léon Marchand », s'émerveille le co-champion du monde du 100 m dos en 2011 à Shanghai avec Camille Lacourt.

Toujours prêt !

Aussi à l'aise en 4 nages, brasse et papillon, le polyvalent Léon Marchand a toujours fait preuve d'une capacité rare à se modeler pour répondre aux défis qui se présentaient à lui. On lui demande de nager un 200 m papillon en compétition à 8 ans alors qu'il n'en a jamais fait pour pallier une absence lors d'interclubs ? « Il avait peur mais a écouté attentivement et il a super bien nagé », relate Nicolas Castel, son premier entraîneur aux Dauphins du TOEC. On le lance sur 4 nages, un jour de 2017, lors de séries durant lesquelles il réalise un mauvais temps et se fait houspiller par sa spécialiste de maman ? Le lendemain, en finale, le Toulousain améliore son temps de 15 secondes et confirme que depuis ses premiers mouvements de nage, il apprend vite et bien.

Un mix de sprint, de stratégie et d'endurance

C'est d'ailleurs cette facilité d'apprentissage qui pousse définitivement Léon Marchand vers une spécialité qu'il a dans les gènes : le 4 nages. Avec un père vice-champion du monde sur 200 m en 1998, une mère et un oncle qui ont également brillé en représentant la France aux Jeux de Séoul en 1988 et à ceux de Barcelone en 1992, Marchand a la polyvalence dans le sang. « J'ai commencé à aimer le 4 nages à 15 ans, car c'est une discipline qui varie les rythmes et évite de s'ennuyer », reconnaissait le quadruple champion du monde de la discipline. « C'est du sprint parce que c'est un 100 m pour chaque nage, mais en même temps, c'est de l'endurance, de la stratégie. » Technique naturelle, physique aquatique, soif

« Léon a rendu très excitantes des épreuves de 4 nages qui souffrent souvent de la comparaison avec le sprint. »

Alexandre Boyon, journaliste sportif, France Télévisions

d'apprendre, perfectionnisme et polyvalence… Autant de qualités qui permettent rapidement à Léon Marchand d'exceller sur deux épreuves auxquelles son talent et ses résultats ont redonné un intérêt. « Depuis ses premiers titres de champion du monde à Budapest, puis ceux de Fukuoka et surtout le record du monde de Michael Phelps sur 400 m 4 nages, les fans de sport ont envie de voir quel exploit nous réserve encore Marchand. Il a rendu très excitantes des épreuves de 4 nages qui souffrent souvent de la comparaison avec le sprint, analyse Alexandre Boyon, qui commente la natation sur France Télévisions depuis plus de vingt ans. Aux Jeux de Paris, tout le monde aura les yeux rivés vers le 4 nages. » ●

PAPILLON ET BRASSE, NAGES DE PRÉDILECTION

Léon Marchand se sert de ses facilités naturelles sur les deux spécialités pour remporter ses courses en 200 et 400 m 4 nages. Et pour briller en individuel, lorsqu'il en a l'occasion.

Léon Marchand n'est pas qu'un spécialiste du 4 nages. Si le double champion du monde en titre du 200 et du 400 m de la spécialité n'a pas d'égal dans cette discipline, ses performances sur le 200 m papillon et le 200 m brasse le placent également parmi les tout meilleurs mondiaux. Champion du monde et vice-champion du monde en 200 m papillon, champion de France et recordman du monde, en 200 m/yards brasse, le nageur a fait de ses spécialités deux forces.

Un talent naturel pour le papillon

« Le pap', c'est une course qu'il faut maîtriser de A à Z si on veut vraiment la nager vite », déclarait Léon Marchand à Budapest en 2022, lorsqu'il avait battu une première fois le vieux record de France de Franck Esposito en demi-finale (1'54"32, contre 1'54"62 en 2002), avant de l'améliorer en finale et de devenir vice-champion du monde de la distance. Le « pap' », comme le nomme le Toulousain, est sa « nage de prédilection » depuis qu'il l'a découvert par hasard à 8 ans. « Il nous manquait un nageur lors d'interclubs, donc on a demandé à Léon de nager un 200 m papillon alors qu'il n'en avait jamais fait de sa vie, confiait son premier entraîneur, Nicolas Castel, à *L'Équipe*. On l'a pris à l'échauffement pour bien lui expliquer, le corriger un peu. Il avait peur mais a écouté attentivement. Et il a super bien nagé. » « Je n'ai pas besoin de penser à ma nage, ça se fait tout seul », avouait d'ailleurs Léon Marchand en parlant de son talent naturel pour le papillon. Une technique et une coordination qu'il a peaufinées du côté d'Arizona State, en y ajoutant un peu de puissance, comme en témoigne son titre de champion du monde en 2023, à Fukuoka. Le même jour, le prodige français annonçait d'ailleurs qu'il renonçait à participer au 200 m brasse, en raison de sa programmation une dizaine de minutes seulement avant la finale du 200 m 4 nages.

16 juin 2023. Léon Marchand remporte le titre sur l'épreuve du 200 m papillon des championnats de France.

Une brasse au-dessus du lot

Un chevauchement des calendriers qui n'a pas permis à Léon Marchand de montrer à la planète sa technique au-dessus de la moyenne sur sa deuxième nage forte. Triple champion universitaire sur 200 yards brasse, dont il détient le record du monde depuis les finales NCAA de Minneapolis en mars 2023, l'étudiant d'ASU a pris pour habitude de bâtir ses victoires en 4 nages sur la brasse. Lors de la finale du 200 m 4 nages des Mondiaux au Japon, il réalise sa troisième longueur en 32'94, là où son rival, l'Américain Carson Foster, a eu besoin de 34'60. Lors de celle du 400 m 4 nages, le Français réalise ses longueurs de brasse en 67'64 et met près de 3 secondes à son dauphin. Un avantage important dont il profite là aussi grâce à une coordination presque parfaite de sa tête et de son alignement. « Je sais qu'en brasse, je vais pouvoir repasser devant », admet d'ailleurs le Français, sans fausse modestie. Dont l'arme fatale reste les coulées.

LE 4 NAGES À LA LOUPE

La principale particularité technique du 4 nages réside dans le virage effectué lors de la transition entre deux nages. Il s'agit, d'une part, de se mettre dans les meilleures conditions pour la nage suivante, mais aussi de respecter entièrement le règlement de la nage en question, sous peine de disqualification.

LE PAPILLON

Dans les épreuves de 4 nages individuelles, le nageur couvre les 4 nages dans l'ordre suivant: papillon, dos, brasse et nage libre. À la fin du papillon, les mains doivent toucher le mur en même temps, puis quitter le mur par l'arrière pour amorcer la partie en dos.

Le principe du papillon

Le départ doit s'effectuer par un plongeon et se poursuit par une coulée. Il est permis au nageur d'être complètement immergé sur une distance de 15 m au plus après le départ. À ce moment-là, la tête doit avoir coupé la surface de l'eau et le nageur doit rester à la surface de l'eau jusqu'au virage suivant.

1 Le nageur a le visage dans l'eau, les bras tendus en avant, les épaules en arrière. Les pieds sont joints et leur battement de faible amplitude.

2 Puis, le corps suit le mouvement des mains et évolue en cambrant le dos et en faisant émerger les hanches.

3 Le nageur abaisse les bras, relève la tête, prend son souffle pendant que les jambes amorcent le deuxième battement du cycle.

4 Les bras terminent leur mouvement dans l'eau, repassent près des hanches et le nageur effectue un battement puissant pour pousser les épaules vers le haut, hors de l'eau, avant que les bras ne se tendent à nouveau vers l'avant et recommencent un cycle.

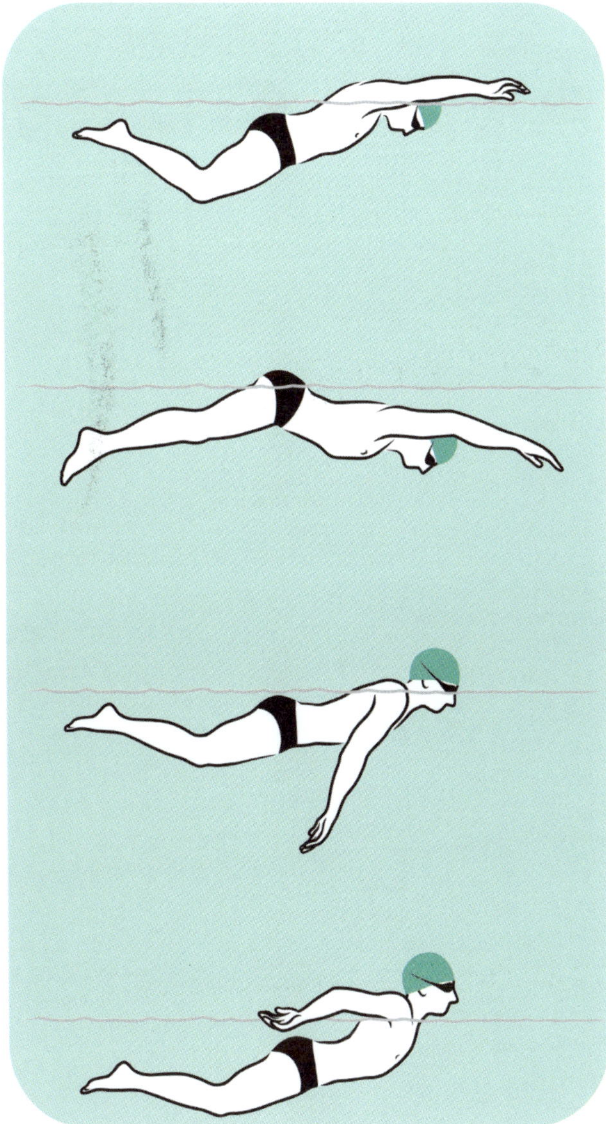

Le principe du passage en dos

Étape 1 – Le toucher du mur

Le nageur doit faire varier l'amplitude et la fréquence de ses mouvements pour toucher le mur les deux mains simultanément, bras tendus avant d'effectuer son retournement.

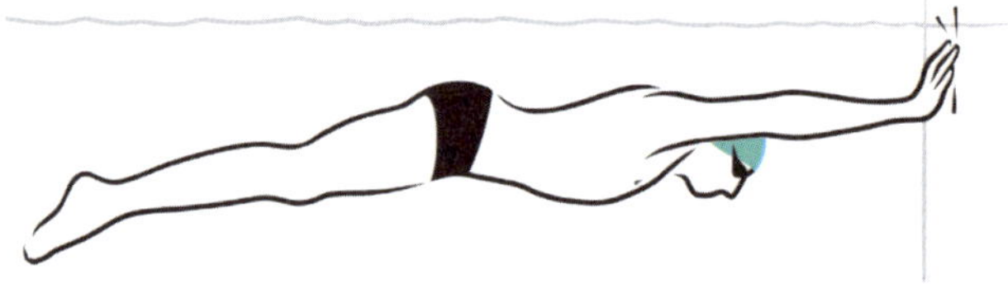

Étape 2 – La bascule

Le nageur place d'abord une main en direction du mur, sous l'eau. Il regroupe ensuite les jambes sous son buste pour placer ses pieds contre le mur et place ses bras assez près du corps, les mains à quelques centimètres devant la poitrine pour réduire le moment cinétique du corps et donc tourner plus vite. Puis, l'autre main rejoint la précédente en passant au-dessus de la surface.

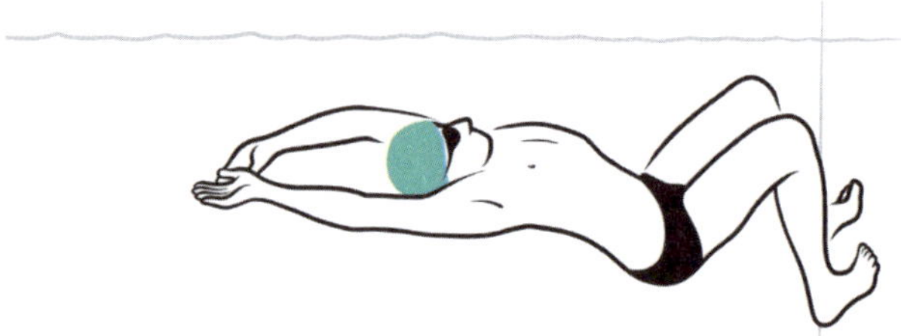

Étape 3 – La poussée et la coulée

Le nageur se place en position profilée au moment de la poussée sur le mur.

LE DOS CRAWLÉ

La partie en dos doit se terminer en touchant le mur tout en restant sur le dos. Contrairement aux épreuves en dos, il n'est donc pas question d'effectuer une culbute et de toucher le mur avec les pieds sans l'étape intermédiaire de la touche avec la main. La nage suivante étant la brasse, le nageur doit quitter le mur sur le ventre.

Le principe du dos crawlé

1. Après sa prise de vitesse suite à la poussée (étape 3 du virage papillon-dos), le nageur prend de la vitesse en effectuant des ondulations avec les jambes (entre 3 et 5), et remonte à la surface en faisant des battements de jambes. Il doit regagner la surface avant d'atteindre les 15 m.

2. Une fois à la surface, le nageur continue à faire des battements de jambes réguliers et tire sa main inférieure dans le rythme de la nage le plus rapidement possible. Il remonte ses jambes de façon à maintenir son corps bien droit dans l'eau.

3. La difficulté de cette nage réside, en partie, dans la poussée sous-marine, qui consiste à orienter sa main de façon à prendre un maximum d'eau en direction du fond du bassin, puis de faire un roulis d'épaule pour que l'épaule opposée à celle du bras qui pousse sorte de l'eau.

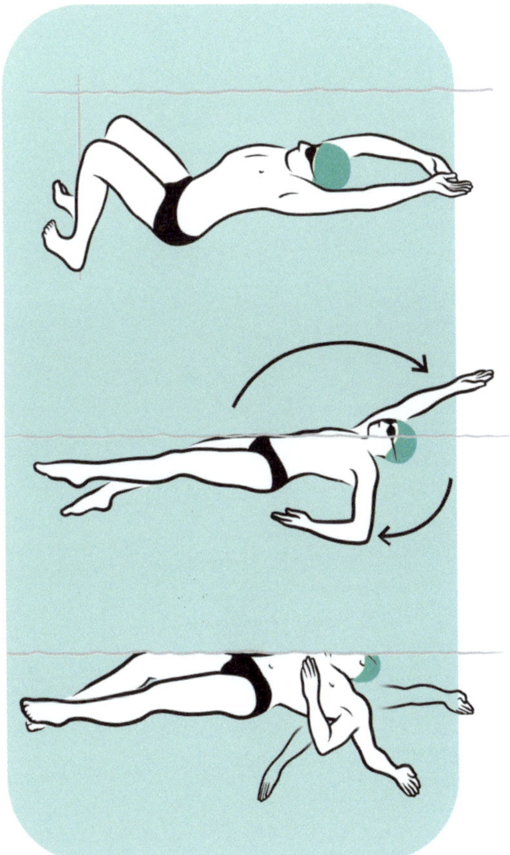

speedo

13 juin 2023. Séries du 200 m papillon des championnats de France. Léon Marchand remporte, durant cette compétition, cinq titres sur les cinq épreuves dans lesquelles il s'est engagé.

Le principe du virage dos crawlé-brasse

Étape 1 – La poussée

Le nageur arrive au niveau du mur sur le dos et le touche, toujours sur le dos, environ 30 cm sous la surface, sans ralentir. Son corps est positionné légèrement de profil pour faciliter l'étape 2, mais ne doit surtout pas se retrouver sur le ventre, sous peine de disqualification. En fléchissant le coude, le nageur réalise la poussée.

Étape 2 – La culbute

Le nageur bascule ses jambes vers l'avant, vers le mur. Le corps se tourne pour préparer l'étape 3.

Étape 3 – La coulée

Les pieds du nageur viennent de toucher le mur, le corps tourne le dos au fond de la piscine. Les jambes sont utilisées pour réaliser une poussée, suivie d'une demi-vrille. Le corps est positionné dans le positionnement du corps avant de reprendre en nage brasse. Il peut faire, pendant sa coulée, un mouvement de bras en brasse, un mouvement de ciseau de brasse et un dernier mouvement de bras en brasse pour remonter à la surface.

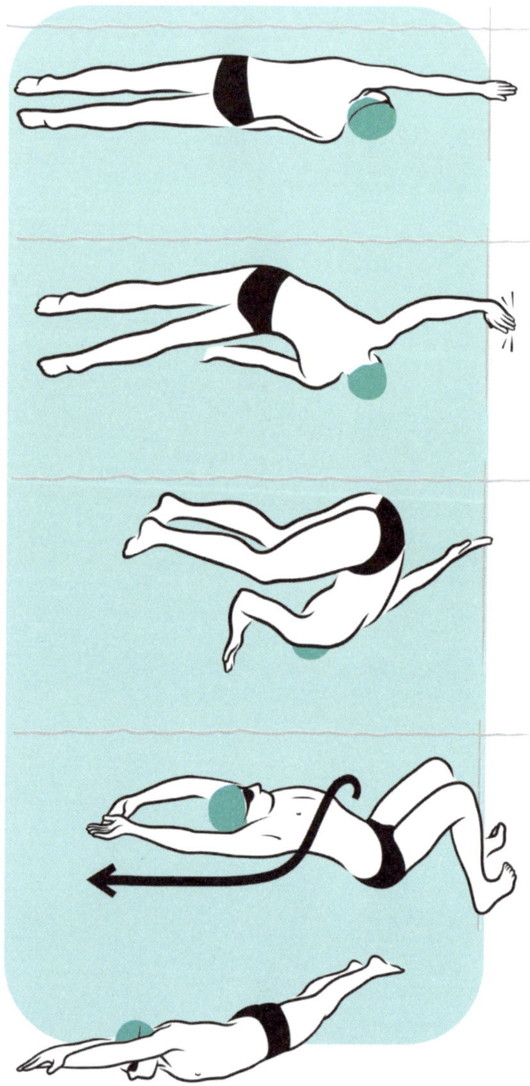

LA BRASSE

La section en brasse doit se terminer, comme celle en papillon, avec les deux mains qui touchent le mur en même temps. Un virage en brasse classique est ensuite effectué, et la dernière partie peut commencer: la nage libre.

Le principe de la brasse

1. Le mouvement des bras commence par l'appui qui consiste à se positionner bras tendus vers l'avant, paumes jointes. Il se poursuit par la traction, qui suppose de ramener les bras vers l'arrière, la tête hors de l'eau. Puis la compression intervient.

2. Le nageur ramène les mains vers la poitrine, puis les tend vers l'avant, paumes jointes pour revenir en appui. La tête est sous l'eau au moment de la poussée.

3. Le mouvement de jambes, ou ciseau de brasse, est celui qui permet la propulsion. Il consiste à plier les jambes, les talons aux fesses, écarter les jambes pieds vers l'extérieur et jambes fléchies, puis à resserrer les jambes pour les tendres vers l'arrière.

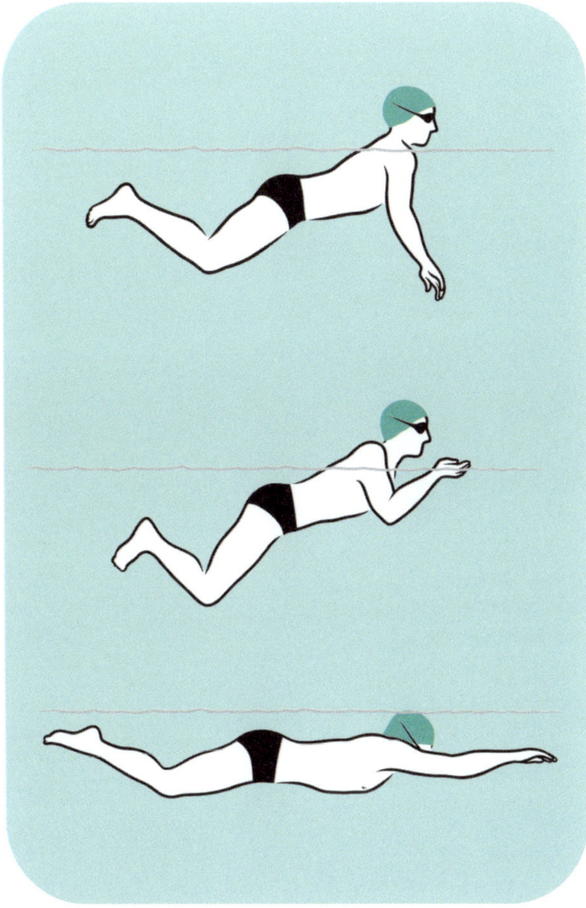

Le principe du virage brasse – nage libre

Étape 1 – Le toucher du mur

Comme en papillon, le nageur doit faire varier l'amplitude et la fréquence de ses mouvements pour toucher le mur les deux mains simultanément, bras tendus avant d'effectuer son retournement.

Étape 2 – La bascule

Le retournement est le même qu'en papillon. Une main se place en direction du mur, sous l'eau. Le nageur regroupe les jambes sous son buste pour placer ses pieds contre le mur. Le placement des pieds est libre. À ce moment-là, son deuxième bras va être jeté vers l'avant, en passant au-dessus de la surface pour rejoindre le bras déjà positionné.

Étape 3 – La poussée

Le nageur effectue la poussée, le corps le plus aligné et le plus gainé possible, en position fusée, les bras bien tendus devant jusqu'à ce que sa vitesse diminue. La poussée est réalisée à environ 1 m – 1,50 m de la surface.

Étape 4 – La coulée

C'est l'étape la plus longue et la plus profonde qui intervient avant de retrouver de la vitesse, suivie d'une première traction des deux bras vers l'arrière et d'un nouveau mouvement de glisse. Les bras et les mains sont alors ramenés près du corps avant que le nageur n'exécute un mouvement de jambe pour revenir à la surface.

NAGE LIBRE (CRAWL)

En 4 nages, la nage libre signifie n'importe quelle nage avec la restriction (inexistante dans les épreuves séparées) qu'elle ne doit pas être le dos, le papillon, ou la brasse. Le crawl est généralement utilisé par les nageurs, étant considéré comme la nage la plus rapide. La nage libre s'achève lorsqu'une partie quelconque du corps du nageur touche le mur à l'arrivée.

Le principe du crawl

1. En dépit de sa rapidité, le crawl est une nage subtile qui suppose de garder une vitesse homogène sur une distance variable. Cette nage sollicite beaucoup les bras, qui tractent l'eau de l'avant vers l'arrière. Par ailleurs, le nageur doit rester parallèle à la surface de l'eau, sans couler, et penser à respirer au bon moment. Il consiste, pour le nageur, en un cycle en 4 temps.

2. Le visage dans l'eau et alors que les pieds réalisent un battement continu, le bras droit devant lui, le nageur fait émerger son bras gauche, le coude plié. Le bras amorce un mouvement de rotation verticale dans l'eau.

   Puis le nageur fait émerger la tête, et actionne son bras droit de façon qu'il soit perpendiculaire au fond du bassin, et repousse l'eau vers l'arrière.

3. C'est ensuite au bras gauche d'entrer dans l'eau tandis que le bras droit termine sa phase de poussée, tandis que le nageur tourne la tête pour reprendre son souffle.

4. Le bras droit émerge quand le bras gauche entame la deuxième moitié du cycle. Le nageur plonge à nouveau la tête dans l'eau jusqu'à la prochaine inspiration, une fois par cycle.

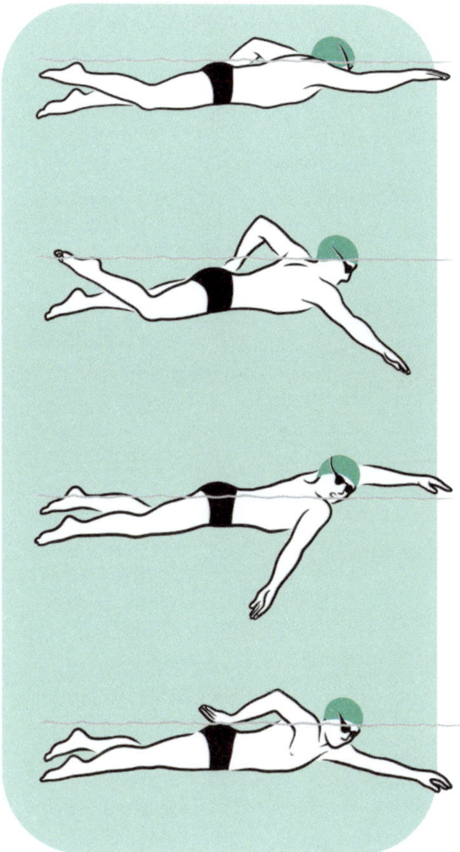

DES COULÉES DE DAUPHINS

Léon Marchand construit ses victoires sous l'eau où la technique et l'endurance de ses ondulations lui permettent de nager des distances jamais réussies auparavant. Touché-coulé.

14,77 m ! Après 350 m parcourus et 3 minutes, 34 secondes et 11 centièmes d'effort, Léon Marchand pousse son ondulation sous-marine jusqu'à la limite autorisée des 15 m. Dans le bassin du Marine Messe de Fukuoka, la foule en liesse n'en croit pas ses yeux. En tribune, le plus grand nageur de l'histoire, Michael Phelps, se lève et s'extasie au micro de la chaîne américaine NBC : « Oh mon Dieu, il est toujours sous l'eau ! » Avec cette dernière coulée exceptionnelle, le Français vient pourtant de lui ravir le record du monde du 400 m 4 nages en 4'02"50 contre 4'03"84. Le dernier du nageur aux 28 médailles olympiques, qui tenait depuis 2008. Une course et un temps légendaire, que Léon Marchand doit en grande partie à ces parties non nagées sur lesquelles il excelle comme aucun nageur auparavant. Au Japon, le champion du monde a gagné 2 secondes et 4 centièmes en immersion sous l'eau. Vertigineux ! D'autant plus lorsqu'on sait que l'Américain, en son temps, excellait dans l'exercice et avait parcouru 7,50 m – seulement – sur son ultime coulée en 2008. Mais comment le phénomène toulousain arrive-t-il à en parcourir presque le double, quinze ans plus tard ?

Á vos calculettes !

« Il y a deux conditions pour aller vite dans l'eau : diminuer la résistance et maximiser la propulsion, explique Jonathan Cohen. En moyenne, les athlètes sont 20 % plus rapides lorsqu'ils nagent sous l'eau car la résistance à l'avancement y est beaucoup moins importante qu'en surface. Pour générer de la vitesse, le nageur se propulse en poussant contre le mur dans les virages et doit profiter de cet élan et l'entretenir grâce à son hydrodynamisme. » Voilà pour la partie théorique. Pour la pratique, il suffit de se pencher sur les huit coulées que compte le 400 m 4 nages, entre le plongeon du départ et les sept qui suivent les virages, de Léon Marchand pour avoir une idée de ce que signifie la perfection. Les coulées étant limitées à 15 m par le règlement depuis 1989, un nageur a la possibilité de passer jusqu'à 120 m sous l'eau. Lors de la finale de Fukuoka et de son record du monde, le Français en a passé 100,61 immergé (contre 77 m pour Michael Phelps en 2008), soit un quart de sa course. D'après le service « Optimisation de la performance » de la Fédération française de natation, c'est 20 % de temps en plus que ses rivaux.

Jérémy Stravius

« On ne sait pas encore de quoi il est vraiment capable. C'est génial. Pour la natation française, et pour la natation en général, c'est exceptionnel d'avoir un Léon Marchand. »

11 décembre 2020. Dans le stade nautique de Saint-Raphaël, Léon Marchand s'élance sur le 200 m papillon durant les championnats de France 2020, dont il est titré 1 min 53 s 63 plus tard.

« *Il arrive à utiliser la vague qu'il crée pour se propulser, à la manière du dauphin.* »

Amandine Aftalion, chercheuse au CNRS

Un avantage réel que la chercheuse au CNRS Amandine Aftalion expliquait ainsi à *Sciences et Avenir*: « Il arrive à utiliser la vague qu'il crée pour se repropulser, à la manière du dauphin. » Tout sauf un hasard pour celui qui travaille cet hydrodynamisme unique depuis tout petit aux Dauphins du TOEC.

Couler, c'est gagner !

« Léon a toujours aimé être sous l'eau et faire des ondulations. Elles étaient bien sûr moins remarquables, mais il a toujours été très aquatique, ce qui lui a permis de vite comprendre que s'il voulait devenir performant, il devait travailler sur ces prédispositions naturelles, se rappelle avec émerveillement Vincent Gardeau, le président du club toulousain. Avec Nicolas Castel, ils ont beaucoup travaillé la technique de ses coulées et elles ont commencé à faire de vraies différences à l'adolescence. » Là où Michael Phelps profitait de sa puissance physique pour créer des différences, Léon Marchand s'est donc très tôt attaché à optimiser sa technique subaquatique, comme lui a suggéré son papa. « Je lui ai surtout donné des conseils sur les coulées, je lui ai dit qu'il fallait qu'il les travaille tout le temps », confiait le vice-champion du 200 m 4 nages Xavier Marchand, au *Monde*. Dans la piscine Alfred-Nakache de Toulouse, le jeune Léon Marchand perfectionne pendant des heures ce mouvement qui s'initie au niveau de la tête, parcourt tout le corps jusqu'aux hanches et se termine par un battement de pieds. Au point d'atteindre une excellence technique reconnue par tous les spécialistes. Et qu'il a encore améliorée en traversant l'Atlantique en septembre 2021 pour rejoindre l'ancien mentor de Michael Phelps, Bob Bowman.

« On dirait une torpille »

À Arizona State University, Léon Marchand a, dès le début, beaucoup travaillé sur du renforcement musculaire. Cette préparation physique a permis au Frenchy d'intensifier son travail de jambes et son explosivité, pour mieux pousser le mur lors des virages. La distance des bassins universitaires américains, de 25 yards (22,86 m), permet également au quintuple champion du monde de multiplier les allers-retours et de progresser dans la conservation et la création de vitesse lors de cet exercice. Résultat, entre son premier titre mondial de Budapest en 2022 et celui de Fukuoka en 2023, Léon Marchand a gagné deux secondes et quatre centièmes lors des 15 premiers mètres des 8 coulées du 400 m 4 nages. Le travail du duo Bowman-Marchand porte aussi ses fruits sur l'endurance du nageur dans ce mouvement énergivore. « J'ai l'habitude de pousser mes coulées, c'est ce que je fais tous les jours à l'entraînement, même si ça crame vite les jambes et fait vraiment mal aux poumons », confiait le Toulousain à propos de l'accumulation du CO_2 dans le corps provoqué par les ondulations. Cette résistance à l'effort est devenue une des spécificités de Léon Marchand pour creuser de plus en plus de différences au fur et à mesure de sa course. « Si on le prend juste sur un 50 m par exemple, sur la première coulée, il ne sera peut-être pas le plus rapide, ni le plus puissant ; en revanche, il a cette capacité à répéter son effort sur toutes les coulées, sur toute la durée de l'épreuve. C'est ça qui est vraiment fort », se félicite Nicolas Castel, son premier formateur, en analysant les efforts de son protégé. Et dont l'expérimenté Bob Bowman n'hésite pas à faire l'apologie : « Il est le meilleur nageur de l'histoire avec ses coulées. Je n'ai jamais vu quelqu'un réussir des ondulations comme les siennes, y compris Michael », assure celui qui a entraîné pendant près de vingt ans le nageur aux 23 titres olympiques. « Ils ont une technique différente, mais il est meilleur que Phelps sur ce geste. Michael y mettait beaucoup de puissance alors que Léon a une morphologie parfaite, on dirait une torpille. Il n'a pas de hanches, il est très droit et se déplace comme un poisson sous l'eau. » « Une signature Marchand », qui est devenue une source d'admiration et d'inspiration pour l'ensemble de la natation. « Il est en train de changer l'approche des courses de l'ensemble des acteurs de son sport, révèle Jonathan Cohen, de *Natation Magazine*. Aujourd'hui, plus aucun entraîneur ou nageur ne porte une attention spécifique aux coulées. » Donc sur le maître de l'exercice, Léon Marchand.

OBJECTIFS : DOS ET CRAWL

Spécialiste du 4 nages, Léon Marchand sait qu'il bénéficie d'une marge de progression importante sur le dos et le crawl. Avec Bob Bowman, il travaille dessus et ne cesse de s'améliorer en 2024.

« Il a été très impressionné par mon temps et m'a même donné quelques conseils pour progresser. Il m'a notamment dit que je pouvais mieux finir en nage libre », confiait Léon Marchand à la presse à Fukuoka, après avoir établi un record du monde sur 400 m 4 nages en 4'02"50. Le « il » en question est-il à présenter ? Il s'agit du nageur le plus titré de l'histoire, Michael Phelps, notamment 6 fois champion olympique et 5 fois champion du monde en 4 nages et qui détenait le précédent record depuis quinze ans. Consultant pour la télévision américaine NBC, « The Baltimore Bullet » (« la Balle de Baltimore ») était en tribune pour vivre cette course de légende que la grande histoire du sport retiendra comme une passation entre champions. Et après avoir remis la médaille d'or à son successeur, l'athlète le plus titré de l'histoire olympique s'est même permis de lui donner quelques conseils. « En crawl, je sais que je manque un peu de puissance », reconnaissait d'ailleurs Léon Marchand. Un chantier sur lequel il travaille avec son coach, Bob Bowman, spécialiste du 4 nages, qui s'adapte aux spécificités de chacun de ses nageurs.

Avec l'ancien entraîneur de Michael Phelps, Léon Marchand est également conscient qu'il peut encore gagner un peu de temps sur le diptyque papillon-dos « où il faut que j'arrive à passer plus vite au 100 m ». De relatifs points faibles identifiés par Marchand et ses entraîneurs et sur lesquels il a déjà progressé entre ses titres mondiaux de 2022 où il lui fallait 54'15 pour nager les 100 premiers mètres du 200 m 4 nages contre 53'60 en 2023. Les victoires et records du monde sur 200 (en 1'28"97) et 500

« [MICHAEL PHELPS] A ÉTÉ TRÈS IMPRESSIONNÉ PAR MON TEMPS ET M'A MÊME DONNÉ QUELQUES CONSEILS POUR PROGRESSER. »

Léon Marchand

Alain Bernard

« C'est extraordinaire de le voir nager. Il sait tout faire, c'est hallucinant. Il maîtrise parfaitement son sujet. Il a de la force, de l'endurance et semble déjà à maturité physiquement. »

17 mars 2012. Le champion olympique du 100 m, Alain Bernard à l'entraînement, à l'entraînement avant les Jeux de Londres.

yards (en 4'02"31) nage libre, lors des finales NCAA d'Indianapolis en mars 2024, ont prouvé qu'il portait ses fruits. Pour Nicolas Castel, Léon Marchand peut encore parfaire la nage sur laquelle il a le moins de facilité, le dos : « Je parle souvent de la tête comme d'un gouvernail et Léon a parfois la sienne qui dodeline un peu », analysait-il dans *L'Équipe*. Pour le formateur de Léon Marchand au TOEC, ce dernier « peut encore progresser sur le placement de tête et la fixation du bassin » et s'inspirer de l'excellent dossiste qu'était Michael Phelps. Nul doute qu'aux Jeux de Paris, Léon Marchand devrait à nouveau montrer ses progrès.

5

L'insub-mersible

D'un naturel réservé, Léon Marchand s'est appuyé sur son mental et sa capacité de travail hors normes pour devenir une source d'inspiration. Il n'oublie pas de placer le plaisir au centre de son équilibre de champion.

UN LEADER DISCRET

Garçon réservé, Léon Marchand s'est affirmé grâce à la natation, au point de devenir un leader par l'exemple et une source d'inspiration pour ses coéquipiers d'Arizona State et de l'équipe de France.

« Quand il était gosse, en maternelle, il faisait des sorties avec l'école, il était toujours en retrait, dans un coin », se rappelle Xavier Marchand au moment de décrire la personnalité de son fils aîné. Un enfant timide et réservé qui n'aimait pas être sous le feu des projecteurs. « Il lui arrivait même de ralentir lors d'une course durant laquelle il était en tête, afin de ne pas se mettre en avant », complète Vincent Gardeau. Pour le président des Dauphins du TOEC, « avec la natation, Léon Marchand s'est peu à peu ouvert. On l'a vu prendre de l'assurance, au fur et à mesure qu'il progressait ». Une analyse que partageait Léon Marchand *himself*, dans *L'Équipe*: « Je n'aimais pas être au centre de l'attention, mais pendant les deux fois deux heures quotidiennes de natation, c'était différent. Elle a vachement changé mon état d'esprit et maintenant, c'est avec plaisir que je montre ce que je sais faire. »

Comme un poisson dans l'eau aux US

Avec cinq titres de champion du monde, à 22 ans, Léon Marchand a affiché son talent à la planète entière. Et malgré son statut de star, le Toulousain est resté un jeune homme normal, dont l'état d'esprit et l'humilité lui permettent de se fondre dans un collectif. « C'est quelqu'un de discret, joyeux, qui aime bien faire des blagues, décrit Bob Bowman, son entraîneur. « Il arrive à tirer le positif de toutes les situations », relevait-il, impressionné par son acclimatation au modèle universitaire américain.

Aux États-Unis, Léon Marchand s'est également révélé comme un leader par l'exemple. Lors des compétitions universitaires, le Français s'est affirmé en paroles pour mener les Sun Devils, 6es et 2es lors de ses premières saisons, au premier titre de leur histoire en 2024. « On est tout le temps au bord du bassin à s'encourager et chaque nageur dans l'équipe est intéressant à regarder parce qu'il va rapporter des points pour la compétition », s'enthousiasme celui qui resta invaincu en 26 courses lors de la saison 2022-2023, une première depuis Natalie Coughlin, triple championne olympique entre 2004 et 2008, vingt ans auparavant. « Le système américain t'amène à partager. Même à l'entraînement, quand on est dans le mal, on pense à sa team. »

4 avril 2024. Léon Marchand pose avec ses partenaires des Sun Devils après leur victoire en relais 400 yards… #sundevilathletics

… et leur record en 200 yards 4 nages lors des finales de la Conférence Pacifique. #sundevilathletics

Être un fer de lance

Depuis deux ans, l'équipe de France de natation bénéficie aussi de la locomotive Marchand. « Il apporte de la confiance à ses coéquipiers juste par sa présence », salue le double champion olympique Alain Bernard. Proche du capitaine des Bleus, Florent Manaudou, Léon Marchand impulse une dynamique de victoires dont ont profité les Français lors des deux derniers championnats du monde. « Le 400 m 4 nages étant placé en début de compétition, je peux lancer une dynamique positive pour tout le monde. J'essaie de pousser tout le monde par ma nage », dépeint celui qui refuse de se considérer comme un leader. « Ce que je fais de mieux, c'est ce que je fais dans l'eau. » •

Léon Marchand

« La natation a vachement changé mon état d'esprit et maintenant, c'est avec plaisir que je montre ce que je sais faire. »

WORK, WORK, WORK

Stakhanoviste des bassins, méticuleux, Léon Marchand fait preuve depuis toujours d'une capacité de travail et d'une détermination exceptionnelles pour améliorer ses performances.

« Dans la piscine, Léon n'a jamais fait semblant », certifie Vincent Gardeau. Pour le président des Dauphins du TOEC, une des plus grandes qualités du Toulousain tient dans son implication permanente. « Il a pris la volonté et la combativité de Xavier, son papa, et que ce soit à l'échauffement, lors d'un exercice basique ou lors d'une course importante, j'ai toujours vu un garçon appliqué et concentré pour faire ce qu'il faut », salue ce proche de la famille, au moment de décrire les qualités mentales d'un champion qui, pour réussir, « s'est toujours fixé des objectifs et n'a jamais dérogé à la règle pour les accomplir ». Un état d'esprit exemplaire qui a d'ailleurs séduit son premier entraîneur à Toulouse, Nicolas Castel : « Il était en permanence dans la justesse de ce qui était demandé. On lui proposait une série, il ne râlait pas et la faisait du mieux possible, vite et bien. On peut dire qu'il a très vite été un bosseur. » Un stakhanoviste des bassins et un athlète pointilleux, qui cherche toujours à comprendre pourquoi il doit nager avant de se lancer: « Chaque jour, j'ai envie de sortir de l'entraînement en sachant pourquoi j'ai fait telle ou telle chose. Je ne veux pas aligner des longueurs pour rien », décrivait-il.

Dans le sillage de Michael Phelps

Une ténacité évidente, dont l'adolescent faisait déjà preuve lors du premier reportage sur ses exploits, en décembre 2019. À la sortie de son deuxième entraînement de deux heures de la journée, le prodige attestait devant les caméras de France 3 Toulouse que « pour réussir à avoir des beaux objectifs, à la fin, il faut nager ». Une détermination réitérée quatre ans et six médailles mondiales plus tard, dans sa vidéo de remerciement pour les journalistes de l'émission « Tout le Sport » qui lui avaient décerné le prix de « Champions français 2023 ». « C'est le fruit d'un travail acharné que je m'impose tous les jours depuis plusieurs années déjà », reconnaissait-il depuis le bord de la piscine de Tempe, les lunettes de natation sur le front. Depuis qu'il s'est exilé en août 2021 en Arizona pour travailler avec Bob Bowman, Léon Marchand n'a pas ralenti dans son investissement. Si l'ancien mentor de Michael Phelps, réputé pour la dureté de ses entraînements, n'inflige pas les 13 km quotidiens de l'homme aux 23 titres olympiques à Léon Marchand, il a découvert un athlète qui avait pris avec Nicolas Castel l'habitude d'endurer de très grosses charges de travail. « Léon est très similaire à Michael au même âge. Il a le talent, est très bon à l'entraînement et veut progresser pour atteindre ses objectifs, donc c'est une bonne combinaison. Comme Michael, il a la volonté d'encaisser un gros volume d'entraînement à une grosse intensité, ce qui les aide à passer au niveau supérieur. » À l'image du nageur le plus titré de l'histoire, Léon Marchand est prêt à tout pour performer. •

« POUR RÉUSSIR À AVOIR DES BEAUX OBJECTIFS, À LA FIN, IL FAUT NAGER. »

Léon Marchand

4 février 2021. Meeting de Nice-FFN Golden Tour Camille Muffat. Léon Marchand est à l'entraînement à la piscine Jean-Bouin.

ACQUÉRIR UN MENTAL HORS NORME

Léon Marchand travaille avec le préparateur mental Thomas Sammut depuis 2020. Une collaboration qui lui a permis de ne plus avoir peur de l'échec et d'apprendre à profiter, pour réussir ses objectifs.

« J'aime bien me dire: "Qu'est-ce qui se passe si j'échoue ?" Et en fait, je me rends compte qu'il ne va rien se passer de spécial... » Après ses premiers Mondiaux de Budapest, à l'été 2022, Léon Marchand accorde une interview de quelques minutes à *Brut Mental*. Au programme ? Les clés psychologiques du double champion du monde de 20 ans pour gérer la pression et préparer ses victoires. La voix du jeune homme au regard bleu perçant est posée, ses propos sont d'une maturité rare. Dans son attitude et la sagesse de son discours, Léon Marchand rappelle deux autres prodiges du sport français: Kylian Mbappé et Victor Wembanyama, tandis qu'il explique sa méthode pour se détacher le plus possible de l'enjeu de la compétition. « Je me suis vraiment mis dans le scénario: si j'arrive 8e de cette finale, qu'est-ce qui se passe ? Il ne va rien se passer », assure-t-il. Donc maintenant, je n'ai plus peur de l'échec et je suis plus en mode: « Je profite et j'essaye. »

Léon Marchand

« Il est naturel d'éprouver le besoin de s'entourer de quelqu'un pour se recentrer sur soi. »

Les jambes, les bras... et la tête

Un état d'esprit qui impressionne les plus grands, à commencer par le quintuple champion du monde en dos, Camille Lacourt. « Il est heureux, content de nager et n'a aucune pression négative. Je trouve son approche très mature et très inspirante pour les autres nageurs », confiait-il à *Natation Magazine*. Pour le consultant de France Télévisions, « la démocratisation du travail avec les préparateurs mentaux fait beaucoup de bien aux nouvelles générations ». Et le travail de Léon Marchand, avec un certain Thomas Sammut, qu'il connaît très bien, n'est pas étranger à ses exploits. Depuis 2020, Léon Marchand collabore avec ce spécialiste renommé qui a notamment exercé avec le Cercle des nageurs de Marseille de 2009 à 2021 ou avec le club de football de l'OGC Nice entre 2015 et

« Á partir du moment où il a gagné sa première médaille, il s'est dit, maintenant, ça ne rigole plus. On m'attend, il ne faut pas que je déçoive. »

Thomas Sammut, préparateur mental de Léon

2019. Durant ses années dans la natation, le préparateur mental, installé en Bretagne, a pu coacher de grands champions comme Camille Lacourt ou Florent Manaudou, qu'il avait notamment encouragé à quitter les piscines pour rejoindre les salles de handball en 2016, avant de revenir aux Jeux de Tokyo, et décrocher l'argent sur 50 m.

De l'insouciance au burn-out

En ce qui concerne Léon Marchand, l'année 2019 est celle de la révélation. À 17 ans, l'espoir des Dauphins du TOEC obtient un premier titre chez les seniors sur le 200 m papillon, deux médailles de bronze aux championnats d'Europe juniors, et une autre sur 400 m 4 nages aux Mondiaux juniors de Budapest. Marchand commence à se faire un prénom dans le monde de la natation et avec lui, beaucoup de pression. « Une fois qu'il a eu sa médaille, c'est un peu comme si tout le monde qu'il avait construit auparavant s'était effondré, expliquait Thomas Sammut à RMC. Avant, il y avait de l'insouciance. Il nageait, se régalait, il n'y avait pas de plan sur la comète, mais à partir du moment où il a gagné sa première médaille, il s'est dit, maintenant, ça ne rigole plus. On m'attend, il ne faut pas que je déçoive. » Un comportement humain qui met Léon Marchand dans l'impasse, alors que, le 17 mars 2020, la France entière est confinée pour freiner la diffusion du Covid-19. C'est ce moment qu'il choisit pour se faire aider. « Il était en burn-out, à deux doigts d'arrêter à cause de la pression de résultats qu'il s'infligeait et qui est très fatigante nerveusement », se souvient le préparateur mental qui a pour habitude de travailler avec des sportifs plus expérimentés. Mais la maturité de Léon Marchand et son histoire le bluffent. « Il avait déjà connu l'échec et ça me plaisait parce que je pars du principe que l'échec fait partie intégrante de la réussite. Il voulait s'en sortir et on sentait chez lui cette volonté d'avoir une approche différente de celle qu'il avait. » Le duo Marchand-Sammut se met au travail pour renouer avec l'état d'esprit qui était celui du

Toulousain en 2019. Et Léon Marchand en ressort avec un mental d'acier.

Retrouver de l'énergie positive

« Le mental joue énormément dans la performance d'un athlète et je pense qu'à un moment donné, il est naturel d'éprouver le besoin de s'entourer de quelqu'un pour se recentrer sur soi et aller chercher un peu plus loin en nous », explique Léon Marchand pour qui, « 50 % de son travail est aujourd'hui consacré à la préparation mentale. Exercices de respiration, astuces pour évacuer le stress, création de sous-objectif... » Entre Thomas Sammut et son sportif, le travail se fait en visio, lorsque le nageur en ressent le besoin au cœur d'une saison, dont les compétitions estivales sont le point culminant. « On échange plus souvent à l'approche ou pendant les courses parce qu'on met en place des choses assez précises, pour que ça soit bien clair dans sa tête, décrivait le spécialiste à RMC. Il a un besoin fondamental d'apprendre, donc on travaille à satisfaire son besoin en même temps que sur l'autonomie, pour qu'il se connaisse le plus possible afin de répondre aux enjeux de la meilleure des manières. » Du côté de Léon Marchand, cette collaboration lui permet de mieux gérer son stress, rester concentré et développer la confiance nécessaire pour libérer tout son potentiel. Le quintuple champion du monde s'est notamment débarrassé des rituels ou superstitions de son avant-course. « J'essaie de vivre cet instant comme s'il était normal. Pour évacuer l'enjeu, je me dis qu'on est au resto, tranquilles, et qu'on discute. Au dernier moment, je crée une bulle autour de moi, je fais quelques exercices de respiration, je commence à sentir mon cœur battre. Ça me permet de ressentir l'énergie, de finir l'échauffement de mon corps », dépeignait-il à *L'Équipe*. Grâce à son travail de préparation mentale, Léon Marchand a troqué « l'énergie du mal faire, pour de l'énergie positive » et se sent beaucoup mieux dans son sport, comme dans sa vie. Un travail utile lorsqu'on sait que ces dernières années, de nombreux nageurs ont communiqué autour de leurs dépressions.

Préserver les athlètes pour l'après

À commencer par le plus grand d'entre eux, Michael Phelps, qui a attendu sa retraite, en 2016, pour confier les énormes tourments qu'il a traversés durant une carrière exceptionnelle. Cannabis, alcool et idées noires... Le nageur devient un des premiers athlètes à parler ouvertement de santé mentale et le porte-parole de ce sujet. Depuis que le nageur le plus titré de l'histoire a levé un tabou, de nombreux champions comme Caeleb Dressel, Adam Peaty ou Kristóf Milák ont révélé leurs souffrances psychologiques. Pour Thomas Sammut, l'exemple de Michael Phelps, dont le mentor, Bob Bowman, travaille aujourd'hui avec Léon Marchand, doit servir « de signal de ce qui nous attend si on en fait trop. Moi ça ne m'intéresse pas que Léon gagne 20 médailles d'or aux Jeux et qu'une fois qu'il aura mis un terme à sa carrière, il parte en dépression, jure le préparateur mental. J'aurais l'impression d'avoir mal fait mon travail avec Léon. » Un jeune nageur qui a compris très tôt que le plaisir était son principal moteur. ●

6 janvier 2024. Léon Marchand se prépare pour l'épreuve du 400 yards nage libre d'Arizona State contre l'université du Grand Canyon.

DES PASSIONS À L'HORIZON

Entre aviation, mangas et jeux vidéo, Léon Marchand a, depuis petit, pris soin de mettre le plaisir et ses passions au centre de son équilibre de sportif de haut niveau.

« Je n'ai pas envie d'être juste un nageur. » Au moment de revenir sur son choix de quitter l'ouest de la France pour l'ouest de l'Atlantique, Léon Marchand ne cachait pas que sa décision portait également sur la vie universitaire américaine. « J'ai envie d'être un humain avec un diplôme, avec des potes, avec une famille, que je puisse profiter tous les jours. » Un équilibre important, mais pas toujours évident à trouver dans un sport aussi difficile et répétitif que la natation. À Arizona State, le quintuple champion du monde a pu poursuivre un cursus de trois ans en programmation informatique tout en partageant une vie sociale riche avec ses colocataires, autour de parties de Fifa endiablées ou de matchs de basket ou de football américain sur le campus. Passionné de jeux vidéo, de mangas et de rap, Léon Marchand est comme la plupart des jeunes de son âge.

Depuis la ville du siège social d'Airbus, Toulouse, il a aussi développé une passion pour l'aviation et a passé ses brevets de pilotage. « La natation fait partie de sa vie, mais ce n'est pas toute sa vie, précise d'ailleurs son préparateur mental, Thomas Sammut, sur RMC. Il gère son équilibre interne entre l'épanouissement qu'il a au travers de ses études, l'épanouissement intellectuel, l'épanouissement physique au travers de la natation, l'épanouissement également amical et familial... C'est une harmonie et si un facteur prédomine, ça crée un déséquilibre. »

Il n'hésite pas, pour cela, à faire une croix sur certaines compétitions comme les championnats d'Europe de Rome, en août 2022. Tout juste triple médaillé aux Mondiaux de Budapest, Léon Marchand a privilégié trois semaines de vacances pour profiter de sa famille et de repos physique, avant de se lancer vers les Mondiaux de Fukuoka et les Jeux de Paris. Une expérience que le Toulousain a puisée de sa saison 2019. « J'ai réalisé de super performances, mais n'ai pris qu'une semaine de vacances et, après deux ou trois mois, ça a commencé à coincer mentalement. J'étais dans le dur, je ne prenais plus de plaisir à l'entraînement, j'avais l'impression de patauger dans la routine. J'avais compris que je n'étais plus dans le bien-être. » Grâce à son travail avec Thomas Sammut, Léon Marchand a retrouvé et replacé le plaisir au centre de sa performance. « Un moteur essentiel qui lui a permis d'actionner les bons leviers au fil de son évolution », résume Nicolas Castel, son formateur et premier entraîneur. Et qui dirige encore Léon Marchand vers ses nouvelles ambitions.

5 juillet 2022. Léon Marchand fait l'objet d'un reportage pour *L'Équipe*.

Les chiffres

Le début de carrière du nageur français est impressionnant tant du point de vue des médailles que des statistiques. Récapitulons ceux qui traduisent ses records de précocité.

5

LE NOMBRE DE TITRES OBTENUS PAR LÉON MARCHAND EN CHAMPIONNATS DU MONDE EN GRAND BASSIN. UN RECORD POUR UN NAGEUR TRICOLORE.

1,87

IL S'AGIT DE LA TAILLE DE LÉON MARCHAND, POUR 77 KG. UN PHYSIQUE « NORMAL » POUR UN NAGEUR, COMPARÉ, PAR EXEMPLE, AUX 1,93 M ET 90 KG DE MICHAEL PHELPS.

4'2"50

Le record du monde du 400 m 4 nages depuis le 23 juillet 2023. À Fukuoka, Léon Marchand destitue la légende Michael Phelps de son dernier record individuel qui datait de 2008 et entre dans le panthéon de la natation.

TOP 10

À seulement 21 ans, Léon Marchand est entré dans le Top 10 des nageurs les plus médaillés en individuel aux championnats du monde, grâce à ses cinq titres et à sa médaille d'argent. Il rejoint au 8e rang le Britannique Adam Peaty et le Russe Alexander Popov.

1

À Fukuoka, il est devenu le premier Français de l'histoire à monter à trois reprises sur la plus haute marche du podium sur un même championnat du monde.

3

À FUKUOKA, LÉON MARCHAND EST AUSSI DEVENU LE 3E NAGEUR TRICOLORE AVEC LAURE MANAUDOU (400 M NAGE LIBRE EN 2005 ET 2007) ET CAMILLE LACOURT (50 M DOS EN 2013, 2015 ET 2017) À CONSERVER L'OR MONDIAL SUR UNE MÊME ÉPREUVE (200 M 4 NAGES ET 400 M 4 NAGES EN 2022 ET 2023).

8

Aux championnats du monde 2022, à Budapest, Léon Marchand est devenu le 8e Français à décrocher un titre mondial après Roxana Maracineanu (1998), Solenne Figuès (2005), Laure Manaudou (2005 et 2007), Camille Lacourt (2011), Jérémy Stravius (2011), Yannick Agnel (2013) et Florent Manaudou (2015). Il a depuis été rejoint par Maxime Grousset, titré sur 100 m papillon en 2023.

2002

LE 18 AVRIL (SOIT UN MOIS AVANT LA NAISSANCE D'UN CERTAIN LÉON), AUX CHAMPIONNATS DE FRANCE DE CHALON-SUR-SAÔNE, FRANCK ESPOSITO BATTAIT LE RECORD DU MONDE DU 200 M PAPILLON EN 1'54"62, SON ONZIÈME ET DERNIER RECORD. UN TEMPS QUI TIENDRA PENDANT PLUS DE VINGT ANS ET JUSQU'AU 1'54"32 DE MARCHAND EN DEMI-FINALE DES CHAMPIONNATS DU MONDE DE BUDAPEST.

26

26 PLONGEONS, 26 VICTOIRES. LORS DE LA SAISON 2022-2023 DE NCAA, LÉON MARCHAND N'A PAS PERDU UNE SEULE COURSE INDIVIDUELLE. AUX ÉTATS-UNIS, SEULE NATALIE COUGHLIN, TRIPLE CHAMPIONNE OLYMPIQUE ENTRE 2004 ET 2008 ET SEPTUPLE CHAMPIONNE DU MONDE, AVAIT RÉUSSI UN TEL PARCOURS VINGT ANS AUPARAVANT.

En avril 2019, Léon Marchand devient champion de France pour la première fois, peu de temps avant de fêter ses 17 bougies (200 m papillon).

16 ans

22 juin 2022. 200 m 4 nages
aux championnats du monde à Budapest.
Léon Marchand remporte l'épreuve
et améliore à deux reprises son record
de France.

87

Après une 6e et une 2e place, Léon Marchand a mené son université, Arizona State, au titre universitaire 2024 ! Une première pour la fac de Tempe en quatre-vingt-sept ans de compétition.

8

LE NOMBRE DE TITRES INDIVIDUELS DE LÉON MARCHAND LORS DES FINALES NCAA EN TROIS PARTICIPATIONS AVEC ARIZONA STATE UNIVERSITY.

11

SON NOMBRE DE TITRES DE CHAMPION DE FRANCE ENTRE 2019 ET 2023. DURANT LES CHAMPIONNATS DE FRANCE DE RENNES EN 2022, IL S'EST IMPOSÉ DANS LES CINQ ÉPREUVES SUR LESQUELLES IL S'ÉTAIT ENGAGÉ (200 M PAPILLON, 200 M 4 NAGES, 400 M 4 NAGES, 200 M BRASSE, 200 M NAGE LIBRE).

Le nombre de records que détient Léon Marchand en grand bassin en 2024. Le Toulousain est quadruple recordman de France (400 m 4 nages, 200 m 4 nages, 200 m brasse et 200 m papillon), double recordman d'Europe (400 m 4 nages, 200 m 4 nages) et recordman du monde sur 400 m 4 nages !

7

2/2

En seulement deux championnats du monde, Léon Marchand a été désigné deux fois meilleur nageur de la compétition. Il rejoint au palmarès l'Américain Caeleb Dressel (2017 et 2019) et n'est devancé que par... Michael Phelps (2003, 2007 et 2009).

5

DURANT SES TROIS SAISONS UNIVERSITAIRES À ARIZONA STATE, LE FRANÇAIS A BATTU CINQ RECORDS NCAA : LE 200 YARDS 4 NAGES, LE 400 YARDS 4 NAGES ET LE 200 YARDS BRASSE EN 2023 À MINNEAPOLIS, LE 500 YARDS LIBRE EN 2024 ET LE 200 YARDS LIBRE EN 2024 À INDIANAPOLIS.

1'54"82

Le record d'Europe du 200 m 4 nages qu'il détient depuis le 27 juillet 2023. À Fukuoka, Léon Marchand améliore la marque que le Hongrois László Cseh avait établie en 2009 et devient le troisième meilleur nageur de tous les temps sur cette épreuve derrière Michael Phelps et Ryan Lochte, recordman du monde en 1'54"00.

4
4

6 janvier 2024. Épreuve du 200 yards nage libre pour Léon Marchand qui représente les Sun Devils de l'Arizona State University.

Diable américain

En 2020, Léon Marchand décide de poursuivre sa progression dans l'université américaine d'Arizona State à partir de la rentrée 2021. Un choix réfléchi qui permet au Toulousain de s'épanouir dans des conditions optimales, à l'abri de la pression hexagonale.

AMERICAN SWIM... AND WAY OF LIFE

Encouragé par ses parents, Léon Marchand a très vite senti le besoin de s'exiler vers l'eldorado de la natation mondiale pour concilier sport de haut niveau, études et expérience de vie.

16 mars 2020, 20 heures. Le président de la République, Emmanuel Macron, annonce la mise en place d'un confinement obligatoire en France dès le lendemain pour stopper la propagation du Covid-19. À Toulouse, passé le choc, un nageur talentueux de 17 ans se dit qu'il va mettre à profit ce temps à la maison pour préparer son bac S (qu'il obtiendra avec mention « très bien »), et commencer à prospecter les universités américaines qui l'attirent et le draguent depuis des mois. Champion de France du 200 m papillon et double médaillé de bronze sur 400 m 4 nages et 200 m brasse aux championnats d'Europe, Léon Marchand est suivi et surveillé par l'ensemble des acteurs de la natation. Aux États-Unis, l'eldorado de ce sport, plusieurs coachs aimeraient attirer le prodige dans les filets de leur université. D'autres nageurs tricolores ont d'ailleurs déjà vécu le rêve américain plus ou moins longtemps, de Clément Lefert à Yannick Agnel en passant par... Xavier Marchand. À la fin de sa carrière, le vice-champion du monde du 200 m 4 nages en 1998 est allé s'entraîner plusieurs mois à Auburn, dans l'Alabama, pour préparer les Jeux d'Athènes. Léon avait 1 an, et ses parents en gardent un très bon souvenir. C'est donc avec leurs encouragements qu'il décide de traverser l'Atlantique à la rentrée 2021, pour goûter aux avantages d'un modèle américain qui permet aux athlètes de pouvoir concilier études et sport de haut niveau. Ce voyage au pays des Caeleb Dressel, Katie Ledecky ou Ryan Lochte représente aussi un défi sportif de taille pour le Français. Aux États-Unis, il va se mesurer aux meilleurs nageurs du monde, participer au championnat universitaire NCAA et à ses compétitions tous les week-ends et découvrir la culture américaine de la natation. Poussé par sa soif de découverte, Léon Marchand envoie des mails de renseignements aux dix meilleures universités du pays et rencontre en visioconférence certains de ses meilleurs coachs. Avant de tomber sous le charme du plus titré d'entre eux, un certain Bob Bowman.

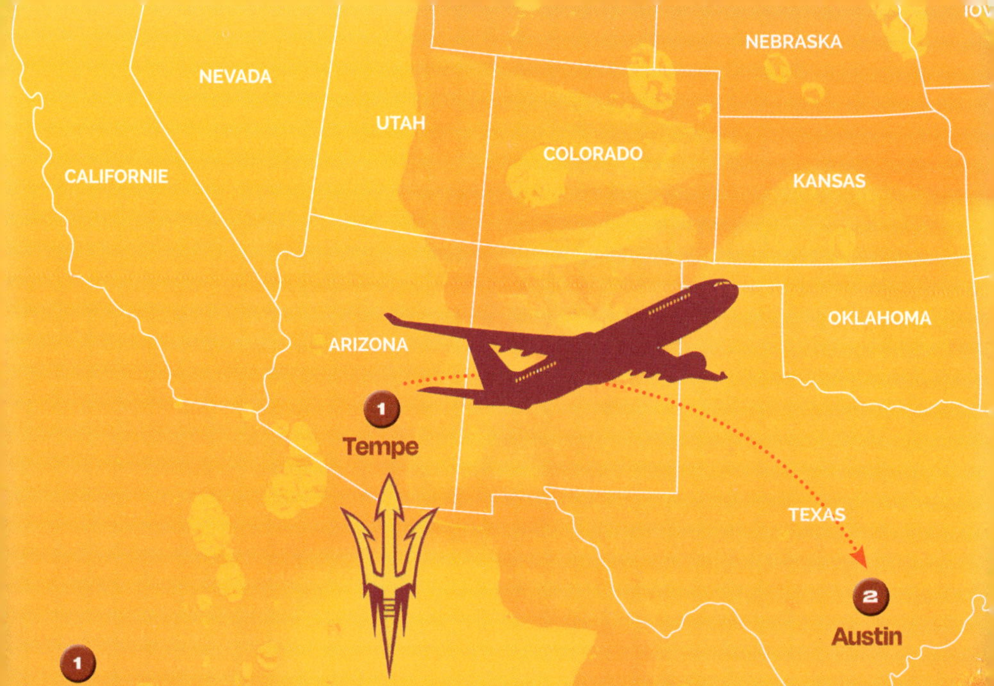

1

L'université d'État de l'Arizona (Arizona State University ou ASU) est une université publique située à Tempe, en Arizona. Il s'agit de l'une des plus grandes universités publiques des États-Unis qui compte près de 600 athlètes universitaires dans le domaine sportif. Ce sont les Sun Devils d'Arizona State qui défendent les couleurs de l'université lors du championnat universitaire organisé par la National Collegiate Athletic Association (NCAA).

2

Après le sacre de l'université d'Arizona State aux NCAA 2024, Bob Bowman rejoint l'université d'Austin au Texas où Léon Marchand le rejoint pour s'entraîner avant les Jeux.

SOUS LE SOLEIL DE L'ARIZONA

Séduit à l'idée d'être entraîné par le coach mythique de Michael Phelps, Bob Bowman, Léon Marchand décide de mettre le cap sur l'Arizona pour trois ans.

« Recevoir un mail de Bob Bowman, c'était juste incroyable ! Je n'en ai pas dormi de la nuit », confiait Léon Marchand à *L'Équipe*. C'est pourtant bien l'ancien coach mythique de Michael Phelps qui a pris le temps de répondre au mail de renseignements envoyé par l'adolescent à l'université Arizona State (ASU). Une visioconférence entre les deux hommes est calée et le champion de France du 200 m papillon tombe sous le charme. « Il m'a répondu avec quelques mots de français et c'est le seul coach avec lequel j'ai ri. J'ai été surpris de voir que lui et les autres entraîneurs avaient déjà visionné l'ensemble de mes courses et ils ont été très précis sur ce qu'ils souhaitaient travailler avec moi d'un point de vue technique. » Avant d'entériner son choix, Léon Marchand appelle tout de même le double champion olympique de Londres, Yannick Agnel (200 m nage libre et 4 x 100 m), qui avait quitté son coach Fabrice Pellerin en 2013 pour rejoindre l'Américain à Baltimore. « Il a été unanime sur les qualités humaines de Bob. Il m'a clairement dit qu'il lui avait énormément apporté et que sans lui il aurait sans doute arrêté la natation plus tôt. » La décision de Marchand de rejoindre Tempe pour quatre années d'études (il en fera finalement trois) en programmation informatique est prise. Située aux portes du désert, dans la banlieue de Phoenix, l'université publique d'Arizona State coche tous les critères du Toulousain : classée parmi les dix premières du pays, présence de nageurs internationaux pour préparer les Jeux et groupe de 4 nages de haut niveau pour une concurrence quotidienne aux entraînements. Les 100 000 étudiants aux couleurs rouge et or des Sun Devils bénéficient également d'un climat optimal toute l'année et de seulement quinze jours de pluie par an. « C'était important pour moi de continuer à m'entraîner en extérieur et c'est aussi un conseil que mes parents m'ont donné. Quand mon père s'entraînait à Auburn, il nageait six heures par jour dans un hangar dans lequel il faisait 15 °C », déclare Léon Marchand. Avec ses cinq campus et les trois piscines extérieures du Mona Plummer Aquatic Center, le Sudiste pourra bel et bien profiter du soleil de l'Arizona.

Léon Marchand a passé trois ans à l'université d'Arizona State, entre 2021 et 2024.

24 mars 2022. À Atlanta, Léon Marchand concourt pour la finale du 200 yards 4 nages aux championnats de natation de la NCAA, battant de près d'une demi-seconde le record précédent de Caeleb Dressel.

DEUX COACHS POUR UN CHAMPION

S'il est parti travailler aux États-Unis avec Bob Bowman, Léon Marchand n'a pas renoncé à Nicolas Castel, son formateur à Toulouse. Les trois hommes composent un trio rare dans le monde de la natation.

« Le lendemain de son arrivée à Tempe, Léon est venu dans mon bureau me dire qu'il avait désormais deux entraîneurs: Nicolas Castel, qui l'a formé à Toulouse, et moi. » La confession de Bob Bowman, quelques semaines après l'arrivée de Léon Marchand à Arizona State, en dit beaucoup de la détermination de son nageur, ainsi que de l'ouverture d'esprit et l'élégance du coach mythique de la natation. « C'est quelque chose d'assez nouveau pour moi, mais ça m'a plu qu'il le demande, s'amusait l'Américain dans les colonnes de *L'Équipe*. Je respecte d'autant plus que j'aime bien cette notion de transmission. » Depuis sa traversée de l'Atlantique en août 2021, Léon Marchand a mis en place une cohabitation unique dans son sport, en alliant l'expérience de son nouvel entraîneur américain de 59 ans à sa complicité avec Nicolas Castel qui l'a formé aux Dauphins du TOEC depuis l'âge de 12 ans et l'a conduit jusqu'en finale olympique à Tokyo (6e sur 400 m 4 nages). « Il a fait du très bon boulot, souligne l'ancien mentor de Michael Phelps », qui a délivré durant toute la période universitaire ses conseils au bord des bassins des Sun Devils. Et échange régulièrement avec son homologue toulousain qui continue de s'occuper de Léon Marchand lors de ses passages en France et se rend parfois aux États-Unis pour profiter de l'expérience de Bob Bowman. « On garde des relations fortes, on s'appelle régulièrement, on parle de tout, de rien, confiait Nicolas Castel à *Natation Magazine*. Il me raconte ce qu'il fait et Bob m'envoie quelques séances, des séries significatives qu'ils font. Je vois l'évolution, la progression. Bob est vraiment dans le partage. Pour moi, c'est hyper-enrichissant. »

Bob Bowman

« C'est quelque chose d'assez nouveau pour moi, mais ça m'a plu qu'il le demande. Je respecte d'autant plus que j'aime bien cette notion de transmission. »

25 juin 2022. Les deux coachs de Léon Marchand, Nicolas Castel et Bob Bowman, lors du relais 4 x 100 m 4 nages des championnats du monde de Budapest.

Consciente de la réussite de cette collaboration pour Léon Marchand, la Fédération a donc accepté de prolonger ce fonctionnement à deux têtes en équipe de France. « Une décision novatrice, que salue le double champion olympique du 100 m en 2008 et 2012, Alain Bernard. Pour Léon, je pense que travailler avec deux experts apporte une réelle plus-value. Ce n'est pas un fonctionnement commun, mais il prouve l'intelligence de toutes les parties uniquement tournées vers ses performances. » Cette organisation originale permet aussi au trio de s'adapter aux obligations de Bob Bowman avec l'équipe des États-Unis. Présent dans le staff de l'équipe de France lors des Mondiaux de Budapest en 2022, le vénérable coach américain était à la tête de Team USA à Fukuoka en 2023. Même si l'Américain n'est jamais très loin, Léon Marchand se retrouve alors sous la direction de Nicolas Castel qui, depuis trois ans, a pris pour habitude de vivre ses courses avec son aîné. « C'est à la fois très excitant et, en même temps, je ressens moins de pression. Parce que le travail a été fait avec Bob », avouait Nicolas Castel à *L'Équipe*. Pour les Jeux de Paris, Léon Marchand sait déjà qu'il pourra compter sur la présence de ses deux entraîneurs dans le staff des Bleus pour assouvir sa quête de victoires.

EN AMÉRIQUE... VIS COMME LES AMÉRICAINS

Léon Marchand s'est très vite adapté au rythme de la vie universitaire du campus d'Arizona State et a adopté la « mentalité américaine ». Un épanouissement qui se retrouve dans sa progression sportive.

« Un kiff ! » Dès son arrivée sur le campus, le *freshman* (étudiant de première année) s'est senti comme un poisson dans l'eau sous le cagnard de l'Arizona. « Je ne pense pas qu'il existe mieux en termes d'entraînement, d'études, d'équilibre de vie », savoure Léon Marchand sous le charme de sa vie US. D'abord logé dans un dortoir du campus, à quelques minutes du colossal Mona Plummer Aquatic Center et ses trois piscines, l'étudiant en programmation informatique a déménagé pour ses deux premières années en colocation dans une maison à dix minutes en voiture, avec quatre membres de l'équipe de natation. À Tempe, en banlieue de Phoenix, d'août 2023 à mars 2024, Léon Marchand a disposé d'un programme très chargé entre les cours et les entraînements.

Lever 5 h 15 – Coucher 21 heures

« Les lundi, mercredi et vendredi, je nage deux fois, de 6 heures à 7 h 30 et de 14 heures à 16 heures. Je me lève à 5 h 15 pour manger un peu avant nos 7 km de nage en yards, je rentre chez moi, je mange, je fais une petite sieste puis je pars en cours pour 10 h 30. Je termine à 12 heures. Je prends mon déjeuner et j'enchaîne avec de la muscu, de midi à 13 h 30 et un autre entraînement en grand bassin, de 14 heures à 16 heures. Cette fois, c'est une vraie série cardio avec 8 km à très haute intensité avec des départs très serrés. Ensuite, je rentre chez moi, je fais mes devoirs et je me couche vers 21 heures », décrivait le nageur lors de ses premiers pas. Ajoutez à ces semaines huit heures de « study hall » pour faire ses devoirs et les compétitions le week-end et vous obtenez un emploi du temps bien rempli dans lequel s'épanouit Léon Marchand. « C'est beaucoup plus facile de t'entraîner dur quand tu sais que le week-end, tu vas aller en équipe à Los Angeles pour une compétition contre une autre université. Cette émulation, ça change tout ! » Aux US, le Français a aussi adopté « la mentalité américaine », comme il l'expliquait dans *Natation Magazine* : « Quand je suis arrivé, j'ai dû choisir entre continuer d'avoir un peu peur d'être 1er et ne pas vouloir l'annoncer ou jouer le jeu à

« J'ai dû choisir entre continuer d'avoir un peu peur d'être premier et ne pas vouloir l'annoncer ou jouer le jeu à fond. J'ai choisi cette deuxième option. »

Léon Marchand

fond. J'ai choisi cette deuxième option et c'était assez facile finalement parce que je suis dans une équipe où les 20 nageurs qui la composent pensent qu'ils peuvent tout gagner. Ils se poussent pour être champions du monde et battre des records. Cela t'aide à te surpasser en permanence. »

Un environnement enrichissant

Avec ses amis d'Arizona State, le Français trouvait quand même le temps de se détendre devant des parties de console sur Fifa ou en construisant des châteaux Lego. Il profitait aussi de la folle ambiance des matchs de football américain du Sun Devil Stadium et ses 55 000 places et de rencontres dans ce prestigieux environnement hyper-cosmopolite , inauguré en 1958. « En classe ou à l'entraînement, je parle avec des gens qui viennent de partout, c'est une richesse incroyable. Je voulais ça, continuer à progresser mais en changeant d'univers. » Voilà qui est réussi. ●

22 AOÛT 2022. DÉBUT DE LA DEUXIÈME SAISON À ASU POUR LÉON. #SUNDEVILSWIMDIVE

25 MARS 2023. LÉON VIENT DE BATTRE SON PROPRE RECORD AU 400 YARDS 4 NAGES. #SUNDEVILSWIMDIVE

25 SEPTEMBRE 2022. LÉON, SOUS LE FEU DES PROJECTEURS DU SUN DEVIL STADIUM. #SUNDEVILSWIMDIVE

30 MARS 2023. TRIOMPHE DE LÉON MARCHAND ÉLU NAGEUR PAC-12 DE L'ANNÉE. #SUNDEVILSWIMDIVE

6 DÉCEMBRE 2022. PUBLICATION APRÈS LES DEUX NOUVEAUX RECORDS UNIVERSITAIRES DE LÉON EN NOVEMBRE 2022. #SUNDEVILSWIMDIVE

22 JUIN 2023. L'ÉQUIPE DES SUN DEVILS P
#SUNDEVILSWIMDIVE

26 JUILLET 2023. LÉON VIENT DE BATTRE SON RECORD DU MONDE EN 200 M PAPILLON (1'52''43). #SUNDEVILSWIMDIVE

11 MARS 2024. LÉON MARCHAND CÉLÈBRE LA VICTOIRE DE SON ÉQUIPE LORS DES CHAMPIONNATS DE LA CONFÉRENCE PAC-12. #LEON.MARCHAND31

2 OCTOBRE 2023. L'ÉQUIPE DES SUN DEVILS FÉLICITE BOB BOWMAN À LA RENOMMÉE INTERNATIONALE. #SUNDEVILSWIMDIVE

11 MARS 2024. BOB BOWMAN FÉLICITE SES NAGEURS ET LES INVITE À SE PRÉPARER POUR LES PROCHAINS CHALLENGES À VENIR À PARIS. #COACH_BOWMAN

AISON.

LÉON SE FAIT UN NOM EN NCAA

Lors de la saison 2021-2022, le championnat universitaire américain de natation découvre le talent du rookie français d'Arizona State qui s'empare du record du 200 yards 4 nages.

Léon *who*? Bien que connu des spécialistes de la natation mondiale, le Français passe parfaitement incognito lorsqu'il débarque à Arizona State. Dans l'ancienne université du MVP 2018 de la NBA, « The Beard », James Harden, pas facile d'impressionner son monde. D'autant plus lorsque l'on est étranger. Il n'aura pourtant fallu à Léon Marchand que quelques semaines pour s'acclimater aux bassins de 25 yards (mesure américaine qui équivaut à 22,86 m) et se faire un nom. Lors du Wolfpack Invitational, en Caroline du Nord, le Tricolore remporte le 400 yards 4 nages en 3'35"62 et réalise le cinquième chrono de l'histoire du championnat universitaire américain. Lors des championnats de la Conférence Pac-12, le jeune Français se rapproche même du record de 2017 du champion olympique américain de la spécialité, Chase Kalisz, en s'imposant avec le deuxième chrono de tous les temps en 3'34"45. À force de flirter avec les records, Marchand va profiter de l'ambiance folle des finales NCAA pour mettre tout le monde d'accord. Le 24 mars 2022, dans la piscine d'Atlanta où un certain Xavier Marchand avait atteint la finale olympique en 1996 (8e du 200 m 4 nages), Léon Marchand remporte d'abord le titre du 200 yards brasse. Il inscrit ensuite son

« LORSQUE JE REGARDAIS CAELEB DRESSEL À LA TÉLÉ, JE ME DISAIS QU'IL N'Y EN AVAIT QU'UN QUI POUVAIT FAIRE ÇA DANS LE MONDE. ET MAINTENANT, JE FAIS MIEUX... »

Léon Marchand

Finales NCAA	Atlanta 2022	Minnesota 2023	Indianapolis 2024
200 yards 4 nages	1'37"69 Médaille d'or Record Mondial	1'36"34 Médaille d'or Record Mondial	/
400 yards 4 nages	3'34"08 Médaille d'argent	3'28"82 Médaille d'or Record Mondial	3'32"12 Médaille d'or
500 yards nage libre	/	/	4'02"31 Médaille d'or Record Mondial
200 yards brasse	1'48"20 Médaille d'or	1'46"91 Médaille d'or Record Mondial	1'46"35 Médaille d'or Record Mondial

nom dans les livres d'histoire en battant de près d'une demi-seconde le record du 200 yards 4 nages (en 1'37"69) détenu depuis 2018 par le septuple champion olympique Caeleb Dressel. Une performance mémorable que le protégé de Bob Bowman a même du mal à réaliser : « Il y a quelques années, je le regardais à la télé avec mon père. Ça paraissait impensable, il faisait des coulées de ouf, il nageait hyper vite, mettait deux ou trois mètres à tout le monde. Je me disais qu'il n'y en avait qu'un qui pouvait faire ça dans le monde. Et maintenant, je fais mieux… » Le rookie complète ses finales par une 2e place sur le 400 yards 4 nages et se félicite d'avoir placé les Sun Devils dans le Top 6 américain, une première depuis plus de trente ans.

Début avril, Marchand confirme ses progrès en grand bassin lors du Grand Prix de San Antonio, qualificatif pour les championnats du monde de Budapest. Le Toulousain remporte le 200 m brasse, le 400 m 4 nages en réalisant la meilleure performance de l'année et bat le record de France sur 200 m 4 nages de Jérémy Stravius en 2013, en 1'56"95 malgré sa 2e place. Après son acclimatation express aux US, le Toulousain peut se tourner plein d'ambitions vers la suite de sa saison en Europe et sa quête de titre mondial.

WIN, WIN AND WIN

Après des vacances bien méritées, Léon Marchand entame sa deuxième rentrée universitaire avec un statut de double champion du monde à étrenner. Invaincu de septembre à mars, le Frenchy accomplit une saison de tous les records.

26 plongeons, 26 victoires ! Voici le bilan historique du Léon Marchand « Saison 2 » en championnat universitaire américain. Après une année rookie durant laquelle le petit Frenchy avait épaté la galerie – en s'emparant du record du 200 yards 4 nages (1'37"69) de Caeleb Dressel –, l'étudiant d'Arizona State a mis la barre beaucoup plus haut en 2022-2023, en ne perdant pas une seule course en NCAA. Une performance que seule la triple championne olympique américaine Natalie Coughlin (entre 2004 et 2008) avait réussie vingtans plus tôt. *Amazing !* Et dès l'ouverture de sa saison sophomore, le récent double champion du monde sur 200 m et 400 m 4 nages annonce la couleur en survolant le pentathlon de son équipe des Sun Devils. Les quelques jours de vacances qu'il s'est accordés aux dépens d'une participation aux championnats d'Europe de Rome ont été bénéfiques : Léon Marchand attaque son année de la confirmation frais et affûté. Après une saison d'acclimatation à l'université au cours de laquelle il a protégé son nageur, Bob Bowman accélère. L'ancien coach de Michael Phelps, connu pour ses méthodes de travail musclées, a densifié pendant les vacances d'été son groupe de 4 nages avec les arrivées du champion olympique du 400 m Chase Kalisz, de son dauphin Jay Litherland et du Hongrois Hubert Kós. Objectif ? « Passer de 75 à 80 % d'intensité de travail, en instaurant une compétition de tous les jours pour son nageur. » Une concurrence bienvenue pour Léon Marchand, qui, entre septembre et mars, ne cessera de prouver son nouveau statut au rythme de son invincibilité. Et des nombreux records qu'il va effacer. Dès le 21 janvier 2023, l'éclair Marchand fait tomber celui du 400 yards 4 nages détenu par l'Espagnol Hugo González, et devient le premier nageur à détenir simultanément les records du 200 et du 400 yards 4 nages depuis Michael Phelps en 2006. La nouvelle star de la natation mondiale choque, puis fait chavirer l'Amérique lors des finales NCAA de Minneapolis, fin mars. Sous les yeux de sa famille, le Toulousain conserve son titre sur le 200 yards 4 nages,

« LE PROCHAIN MICHAEL PHELPS POURRAIT ÊTRE UN FRANÇAIS DE 20 ANS. »

Wall Street Journal

remporte le 200 yards brasse et explose la barrière des 3'30" (3'28"82) sur 400 yards 4 nages. « Venons-nous d'assister à la plus grande performance de l'histoire universitaire ? » s'interroge le média spécialisé *Swimming World Magazine* ? Avec ses trois titres pour autant de records, Léon Marchand conclut cette saison universitaire époustouflante en étant élu meilleur nageur NCAA. Le très sérieux *Wall Street Journal* en est convaincu : « Le prochain Michael Phelps pourrait être un Français de 20 ans ». Un titre prémonitoire.

MARCHAND MADNESS

Après un début de saison tronqué par des virus, Léon Marchand retrouve la forme au meilleur moment pour mener Arizona State au premier titre de son histoire et refermer son chapitre universitaire dans la légende.

« *Marchand Madness* » ! En 2024, l'habituelle folie – des finales universitaires américaines – de mars (*March Madness*) a été rebaptisée par les médias américains. Et pour cause. Après un début de saison difficile, marqué par un enchaînement de virus, une première défaite depuis un an et demi sur son 400 yards 4 nages, et une opération des dents de sagesse, Léon Marchand retrouve une furieuse forme au meilleur des moments. Dès le championnat universitaire américain de la Conférence Pac-12, il marque les esprits en remportant le 400 yards 4 nages, le 200 yards brasse et participe à trois relais gagnants (400 yards libre, 400 yards 4 nages et 200 yards 4 nages, établissant au passage un autre record du sur cette distance). Le quintuple champion du monde éblouit surtout la planète natation en battant le record NCAA – son quatrième – du 500 yards nage libre, alors qu'il s'aligne sur la distance pour la troisième fois seulement… « Un nouveau challenge », qui atteste des progrès en crawl du Toulousain, désigné meilleur nageur du Pac-12 pour la troisième année d'affilée.

En route pour Paris !

De quoi aborder les finales du championnat NCAA avec confiance. À Indianapolis, l'université de Bob Bowman, 6e en 2022 et 2e en 2023, vise le premier titre de son histoire en quatre-vingt-sept ans de compétition. Un défi de plus à surmonter pour l'incroyable leader des Sun Devils. Pendant trois jours, le Frenchy survole la compétition pour dominer les champions en titre californiens de Berkeley. Sous les yeux de sa famille vêtue aux couleurs bordeaux et jaune, Léon Marchand bat d'abord son propre record du 200 yards brasse en 1'46"35 (contre 1'46"91 en 2023) avant d'améliorer à nouveau celui en 500 yards nage libre en 4'2"31, puis il tutoie les temps de son record du monde en 400 yards 4 nages… Un 3/3 qui fait passer sa collection de titres individuels à huit en trois éditions. Ajoutez à cela deux relais victorieux – dont un départ canon sur le relais du 100 yards nage libre (40"28, 3e temps de l'histoire derrière Caeleb Dressel et Joshua Liendo) – et un nouveau record du monde sur le 200 yards nage libre et vous obtenez une « *insane* » (folle) Marchandmania ! « Je suis exac-

« JE SUIS EXACTEMENT OÙ JE VOULAIS ÊTRE CAR JE VOULAIS GAGNER EN ÉQUIPE. »

Léon Marchand

tement où je voulais être car je voulais gagner en équipe, confie-t-il au journal *L'Équipe*. Quand j'ai appelé le coach avant de venir aux États-Unis, nous étions 12es... Mais il m'a répondu que c'était possible, si on construisait une équipe. Je lui ai fait confiance depuis le début. Et on l'a fait ! Je suis très fier. » Ce sacre inédit marque la fin d'une ère. Dans la foulée, Bob Bowman annonce qu'il quitte Arizona State pour relever un nouveau défi à l'université du Texas. Il sera accompagné à Austin par Léon Marchand qui passe professionnel et referme donc sa carrière universitaire par ce titre historique. À moins de quatre mois des Jeux, il a renforcé sa légende, enchaîné dix courses en quatre jours, et prouvé qu'il était déjà en forme olympique.. •

27 FÉVRIER 2023. L'ÉQUIPE DES SUN DEVIL MEN S'APPRÊTENT À SE LANCER DANS LES CHAMPIONNATS DE LA CONFÉRENCE PAC-12 DU 1ER AU 4 MARS 2023. #SUNDEVILSWIMDIVE

11 MARS 2024. LÉON VIENT REMPORTER SON HUITIÈME TITRE UNIVERSITAIRE EN INDIVIDUEL. #LEON.MARCHAND31

KEEP CALM AVANT PARIS

Le choix des US a aussi pour objectif d'éloigner Léon Marchand des projecteurs et de l'effervescence qui grandit à mesure que s'approchent les Jeux de Paris.

9000 kilomètres, sept ou huit heures de décalage horaire et une tonne de sollicitations olympique séparent Paris de Tempe. À Arizona State, Léon Marchand a bénéficié d'une tranquillité bienvenue pour se préparer, loin de l'effervescence qui envahit peu à peu l'Hexagone et ses athlètes en vue des Jeux de 2024. « Ce n'est pas seulement pour cette raison que j'ai décidé de partir aux États-Unis, mais c'est un paramètre à prendre en compte. Je serai plus tranquille là-bas, loin de la pression populaire et médiatique », expliquait le nageur lors de son exil américain en août 2021. Depuis, le Toulousain est devenu quintuple champion du monde et les espoirs de le voir porter le sport tricolore lors de la prochaine olympiade sont énormes. Les dernières incursions en France de Léon Marchand à Toulouse ou lors des championnats nationaux lui ont d'ailleurs permis de constater son changement de statut et les attentes qui l'entourent. « En France, on me reconnaît dans la rue, on me sollicite énormément, alors qu'ici, je suis presque anonyme et il y a beaucoup d'autres champions », confiait-il à *Natation Magazine*. D'autant qu'aux États-Unis, l'étudiant bénéficie aussi de l'expérience de Bob Bowman. « J'ai la chance d'être bien entouré. Et tout se fait en lien avec Bob pour que ça n'impacte jamais l'entraînement. Il sait comment gérer ça, il l'a déjà vécu. » Pour protéger son nageur de la pression médiatique française, l'ancien mentor de Michael Phelps a décidé de limiter sa présence dans l'Hexagone en 2024 aux championnats de France de Chartres, du 16 au 21 juin. Léon Marchand n'est même pas rentré à Toulouse pour les fêtes, sa famille s'envolant pour l'Arizona pour les célébrer avec lui. De Tempe, le jeune nageur et son entourage arrivent plus facilement à filtrer les multiples demandes médiatiques qui arrivent aux sportifs tricolores. « Il évolue dans un environnement idéal pour se préserver de la pression et se maintenir dans une démarche de performance avant les JO de Paris », analyse d'ailleurs le directeur technique national des Bleus, Julien Issoulié. Une aubaine pour une équipe de France dont il incarne le renouveau.

« LÉON ÉVOLUE DANS UN ENVIRONNEMENT IDÉAL POUR SE PRÉSERVER DE LA PRESSION ET SE MAINTENIR DANS UNE DÉMARCHE DE PERFORMANCE. »

Julien Issoulié, DTN des Bleus

Le rêve bleu

En seulement deux ans, Léon Marchand est devenu le nageur français le plus titré aux Mondiaux. Modèle pour les jeunes, il incarne le renouveau d'une natation française qui ne se fixe pas de limite après des années de disette.

1 Christine Caron, médaillée d'argent aux Jeux de 1964 en 100 m dos. Première femme porte-drapeau de la délégation française en 1968.

2 Jean Boiteux et Alban Minville, son entraîneur, lors des Jeux de 1952 où il remporte l'épreuve du 400 m nage libre.

3 Catherine Plewinski, médaillée de bronze olympique à deux reprises. Ici, aux Jeux de 1988 (100 m nage libre) et aux Jeux de Barcelone (100 m papillon).

4 Stéphan Caron a remporté la médaille de bronze olympique sur deux éditions : à Séoul et à Barcelone (sur la photographie).

5 Frédéric Delcourt est vice-champion olympique durant les Jeux de Los Angeles en 1984 sur l'épreuve du 200 m dos.

6 Suzanne Berlioux (à gauche) a été la coach des championnes de natation Christine Caron (à droite) et Françoise Letellier. Ici durant les Jeux de Tokyo.

4

5

6

1 Le relais bleu en or : (de gauche à droite) Jérémy Stravius, Amaury Leveaux, Alain Bernard et Frédérick Bousquet remportent la médaille d'or du relais 4 x 100 m nage libre aux championnats d'Europe 2010.

2 La moisson en or des Jeux de 2012 : (de gauche à droite) Florent Manaudou (50 m nage libre), Camille Muffat (400 m mais aussi argent sur 200 m et 4 x 200 m (tout en nage libre) et Yannick Agnel (200 m nage libre et 4 x 100 m nage libre).

3 Laure Manaudou entre dans la légende en décrochant, à 17 ans, le premier titre olympique français en natation depuis Jean Boiteux (52 ans) sur le 400 m nage libre, ici, aux Jeux d'Athènes.

UN PARCOURS HORS PAIR EN FRANCE

À 22 ans, le quintuple champion du monde dispose déjà d'un des plus beaux palmarès de la riche histoire de la natation tricolore. Un héritage qu'il porte avec fierté.

« Franck, c'est le dieu du papillon ! C'est tout simplement énorme ! » Le 20 juin 2022, aux championnats du monde de Budapest, Léon Marchand a du mal à cacher son émotion à l'issue des demi-finales du 200 m papillon. Sacré champion du monde du 400 m 4 nages trois jours plus tôt, il vient de faire tomber en 1'54"32, le plus vieux record de France, établi par Franck Esposito lors des championnats de France de Chalon-sur-Saône, le 18 avril 2002… Soit un mois avant la naissance de Léon. « Ça fait super plaisir, se réjouissait-il au micro de RMC. Ça fait un ou deux ans que je me rapprochais de ce record et que je n'arrivais pas à le battre. Je suis hyper content, surtout que Franck est un mec que j'adore. Pour moi, c'est le dieu du pap' français et même du pap' mondial. Il a inspiré pas mal de nageurs. » Les louanges chantées par Léon Marchand vis-à-vis du médaillé de bronze aux Jeux de Barcelone en 1992 sont révélatrices de l'importance que ce dernier accorde au riche patrimoine d'une natation française, dans laquelle il baigne depuis sa naissance. En même temps, rien de plus normal lorsqu'on a toujours été licencié dans le club mythique des Dauphins du TOEC, dont l'histoire est marquée par la légende du « nageur d'Auschwitz », Alfred Nakache. Avec un père vice-champion du monde et une mère finaliste olympique en bonus, Léon ne pou-

Jonathan Cohen, rédacteur en chef de *Natation Magazine*

« Pour moi, Laure Manaudou restera toujours la pionnière. »

vait qu'être inspiré pour écrire une nouvelle page glorieuse de la grande histoire du sport français.

De flamboyants prédécesseurs

De l'image mythique de Jean Boiteux qui aide son père à sortir de l'eau après qu'il a sauté dans la piscine pour le féliciter à l'issue du premier titre olympique français de l'histoire en 1952, à Helsinki, à la médaille d'argent de Christine Caron en 100 m dos à Tokyo en 1964, la natation française regorge de contes et de légendes. Frédéric Delcourt (médaille d'argent sur 200 m dos à Los Angeles à 1984), Stéphan Caron (bronze à Los Angeles, puis à Barcelone en 1992 sur 100 m) et Catherine Plewinski (bronze sur 100 m à Séoul en 1988, puis sur 100 m papillon à Barcelone) ont d'abord fait briller, avec parcimonie, la natation française au cours de plusieurs olympiades jusqu'en 1996 et « la débâcle américaine ». Aux Jeux d'Atlanta, les 24 Bleus engagés se qualifient pour seulement trois finales individuelles (dont Xavier Marchand en 200 m 4 nages) et n'obtiennent aucune médaille. Un « zéro pointé » qui pousse la Fédération à revoir sa copie en élevant drastiquement le niveau des *minima* requis pour participer aux grands rendez-vous. Une politique élitiste, qui, dès 1998, porte ses fruits. À Perth, Roxana Maracineanu décroche le premier titre français de l'histoire en championnats du monde sur 200 m dos. Dans le sillage de la championne, Jean-Christophe Sarnin (200 m brasse), Franck Esposito (200 m papillon) et Xavier Marchand (200 m 4 nages) obtiennent des médailles d'argent qui redonnent le sourire à la natation française. Et malgré la médaille d'argent de Roxana Maracineanu aux Jeux de Sydney, il a fallu attendre que la comète Laure Manaudou prenne son envol à Athènes en 2004, en devenant championne olympique en 400 m nage libre, pour que débute le règne d'une génération dorée tricolore qui emportera tout sur son passage. Alain Bernard (double champion olympique), Camille Lacourt (cinq fois champion du monde), Amaury Leveaux (champion olympique et champion du monde en relais 4 x 100 m), Yannick Agnel (double champion olympique et double champion du monde), Camille Muffat (championne olympique sur 400 m nage libre en 2012), Florent Manaudou (champion olympique sur 50 m à Londres et triple champion du monde) et leurs palmarès XXL ont placé la France au sommet de la natation mondiale pendant presque dix ans. Avec sept médailles à Londres en 2012 (4 en or, 2 en argent, 1 en bronze), six à Pékin en 2008 et à Athènes en 2004 (1 en or, 2 en argent, 3 en bronze), la France explose son bilan olympique et remonte à la 13ᵉ place des nations les plus titrées de l'histoire aux Jeux, avec 8 titres et 43 médailles (à des années-lumière des 578 américaines ou des 212 australiennes), en attendant Paris.

Déjà dans l'histoire de la natation

Si lors de sa découverte des Jeux, à Tokyo, Léon Marchand n'a pas – encore – apporté sa contribution au palmarès olympique, tenter de situer le Toulousain dans l'histoire de la natation française donne déjà le vertige tant il est haut, à seulement 22 ans. Lors des Mondiaux de Fukuoka, Léon Marchand

> « AUCUN BLEU AVANT LÉON N'AVAIT ÉTÉ ÉLU DEUX FOIS MEILLEUR NAGEUR DU CHAMPIONNAT DU MONDE. LUI L'A FAIT EN DEUX ÉDITIONS SEULEMENT… »
>
> *Alexandre Boyon, journaliste sportif, France Télévisions*

est en effet devenu le nageur le plus titré de l'histoire de la natation française. Rien que ça. Avec ses cinq titres en deux Mondiaux, il a égalé, puis détrôné le dossiste Camille Lacourt et est devenu le troisième nageur tricolore avec Laure Manaudou (400 m nage libre en 2005 et 2007) et Camille Lacourt (50 m dos en 2013, 2015 et 2017) à conserver l'or mondial sur une même épreuve, les 200 et 400 m 4 nages. Au Japon, Marchand est aussi devenu le premier Français de l'histoire à monter à trois reprises sur la plus haute marche du podium sur un même championnat après avoir déjà rejoint à Budapest les Manaudou dans le cercle très fermé des doubles champions du monde sur une seule édition planétaire (Laure avait empoché l'or des 200 et 400 m nage libre à Melbourne en 2007 tandis que Florent s'était adjugé les titres mondiaux des 50 m nage libre et papillon à Kazan en 2015). Le palmarès de Léon Marchand le place déjà au panthéon de la natation française et impressionne unanimement les spécialistes.

Un palmarès pas encore clos

À la question de savoir à quelle place il situe Léon Marchand, Alexandre Boyon, qui commente la natation sur France Télévisions depuis plus de vingt ans, n'hésite pas longtemps : « Très très haut, c'est évident. Aucun Bleu avant lui n'avait été élu deux fois meilleur nageur du championnat du monde. Lui l'a fait en deux éditions seulement… » Pour Jonathan Cohen, le palmarès de Marchand à 22 ans parle pour lui. « Pour moi, Laure Manaudou restera toujours la pionnière, car elle a ouvert la porte à toutes les autres victoires avec un titre olympique à 17 ans seulement », analyse le rédacteur en chef de *Natation Magazine*. Elle était plus précoce, mais le Toulousain est plus complet. Et malgré son absence de médaille olympique, il a déjà accompli une performance unique en battant un record du monde du plus grand nageur de l'histoire, Michael Phelps, qui tenait depuis 2008. Alain Bernard ne tarit pas non plus d'éloges sur le prodige : « On parle beaucoup de ses cinq titres mondiaux, mais il ne faut pas oublier non plus ses onze titres de champion de France à 21 ans. Cela démontre que Léon va très vite et est hyper complet. » Pour le double champion olympique, « Marchand a déjà marqué l'histoire de son sport, mais c'est la longévité de sa carrière qui décidera de la place du porte-drapeau du deuxième âge d'or de la natation française. »

Nageurs français les plus médaillés aux Mondiaux en individuel

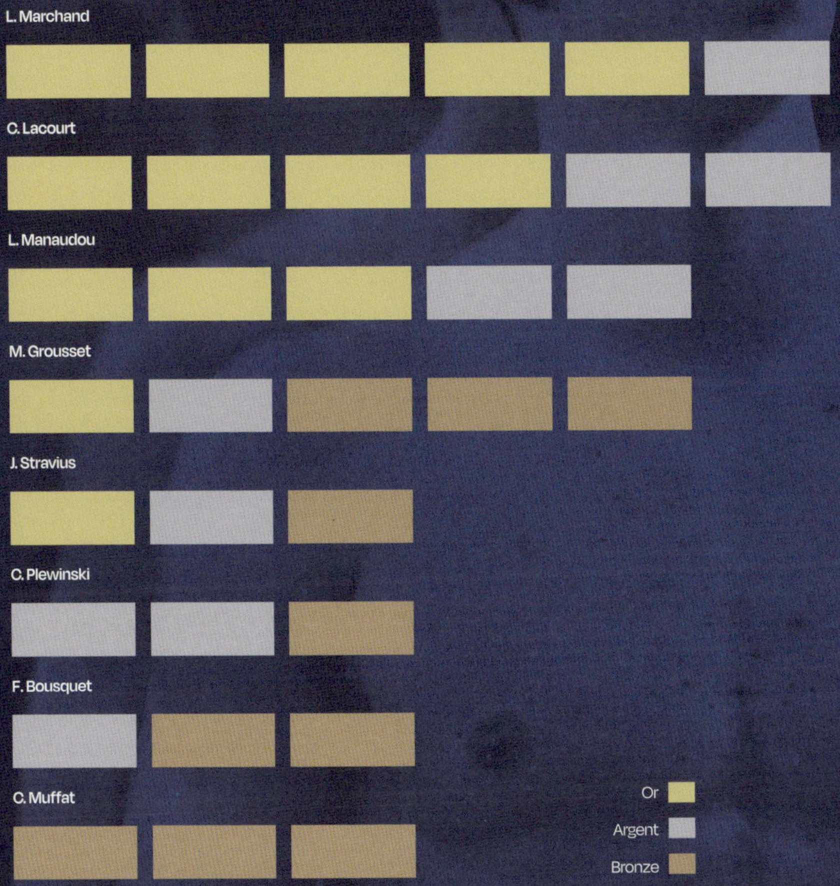

LE DEUXIÈME ÂGE D'OR DES « GAVROCHES »

De 2004 à 2014, une génération dorée de nageurs français a enchaîné les titres et les podiums. Après plusieurs échecs, Léon Marchand incarne avec Maxime Grousset le retour de la France qui gagne.

Rio de Janeiro, 2016. Pour la première fois depuis douze ans, *La Marseillaise* n'a pas retenti au bord d'un bassin olympique durant des Jeux. Les Bleus repartent du Brésil avec seulement deux médailles en argent (Florent Manaudou au 50 m nage libre et le 4x100 m nage libre), et se retrouvent 16es au tableau des récompenses, bien loin des standards de la génération dorée du début de la décennie, emmenée par Amaury Leveaux, Yannick Agnel, Camille Muffat ou encore Camille Lacourt. Avec une seule médaille d'argent pour le vétéran Florent Manaudou sur 50 m, les Jeux de Tokyo confirment la crise de résultat que traverse la natation tricolore, dont le bilan n'avait plus été aussi maigre depuis Sydney en 2000 et la médaille d'argent de Roxana Maracineanu sur 200 m dos. Décevant, mais paradoxalement encourageant.

Une génération pleine d'espoirs

Les Jeux de 2021 permettent d'observer les promesses de la talentueuse génération de nageurs estampillée « Paris ». Avec Marie Wattel (24 ans, 6e du 100 m papillon) ou encore Maxime Grousset (22 ans, 4e du 100 m nage libre), Léon Marchand, 6e du 400 m 4 nages à seulement 19 ans, est le porte-drapeau de ceux qui ont été surnommés par la Fédération les « Gavroches 2024 ». Ces grands espoirs de la natation française ont profité du report d'un an des Jeux de Tokyo pour décrocher leurs qualifications et prendre de l'expérience. Ils bénéficient également depuis septembre 2021 des conseils de Jacco Verhaeren, ancien entraîneur du sprinter néerlandais Pieter van den Hoogenband (triple champion olympique) et entraîneur en chef de l'Australie de 2013 à 2019, en tant que directeur des équipes de France.Le renouveau de la natation tricolore se concrétise dès juin 2022, lors des Mondiaux de Budapest. Dans le sillage de Léon Marchand (or sur 200 m 4 nages, 400 m 4 nages et argent sur 200 m papillon), les Bleus remportent huit médailles et se rappellent aux bons souvenirs de ceux de Barcelone en 2013. Analia Pigrée (bronze sur 50 m dos), Mélanie Henique (argent sur 100 m papillon), Marie Wattel (argent sur

30 juillet 2023. La 2e génération dorée est incarnée, notamment, lors des championnats du monde 2023, par Léon Marchand (or sur 200 m papillon, 200 m 4 nages et 400 m 4 nages) et Maxime Grousset (à gauche, or sur 100 m papillon et bronze sur 50 m papillon et 100 m nage libre).

« MÊME SI LA FRANCE TIENT EN LÉON MARCHAND UN NAGEUR PLUS TALENTUEUX QUE TOUS CEUX DE SON ÉPOQUE, IL EST ENCORE TROP TÔT POUR PARLER D'UN DEUXIÈME ÂGE D'OR DE LA NATATION FRANÇAISE. »

Camille Lacourt,
ex-champion de natation

100m papillon) et Maxime Grousset (argent sur 100 m nage libre et bronze sur 50 m nage libre) repartent médaillés de Hongrie. Mieux, avec ses 19 finales, dont 16 en individuel, la France égale son record de Shanghai en 2011. De très bon augure à deux ans des Jeux et le début d'un « effet Marchand » qui se confirme à Fukuoka en 2023. Au Japon, le duo Marchand-Grousset, âgé de respectivement 21 ans et 24 ans, fait son entrée au panthéon des Français les plus médaillés aux Mondiaux grâce à leur razzia de trois médailles chacun : toutes en or pour Marchand (sur 200m papillon, 200m 4 nages, 400m 4 nages) ; une en or (100m papillon) et deux en bronze (100 m, 50 m papillon) pour Grousset. Les deux nouvelles stars glanent les six médailles françaises et la France obtient quatre médailles d'or lors de courses individuelles, pour la première fois de son histoire. Malgré les défaillances de Florent Manaudou et des nageuses féminines, les Bleus se qualifient pour 18 finales et se sont déniché deux locomotives puissantes.

À suivre...

« On est passés en deux ans d'une médaille aux Jeux à six en championnat du monde », se félicite le quintuple champion du monde Camille Lacourt. Pour le consultant de France Télévisions, « même si la France tient en Léon Marchand un nageur plus talentueux que tous ceux de son époque, il est encore trop tôt pour parler d'un deuxième âge d'or de la natation française. Dans notre génération, nous étions une dizaine à pouvoir prétendre aux podiums et la concurrence était plus importante, comme le prouvent nos nombreuses victoires relais et notamment en 4 x 100 m nage libre qui faisait notre gloire », compare-t-il dans une interview à *Natation Magazine*. S'ils n'ont plus remporté de médailles depuis l'argent sur 4 x 100 m nage libre à Rio de Janeiro, les relais tricolores masculins semblent sur la bonne voie. Les chronos s'améliorent et à Fukuoka, Léon Marchand, Maxime Grousset, Yohann Ndoye-Brouard et Hadrien Salvan ont obtenu une excellente 4e place sur le 4 x 100 m 4 nages (à 15 centièmes du record de France). Les Bleus ont aussi terminé au pied du podium lors d'un 4 x 200 m nage libre encourageant pour Hadrien Salvan, Wissam-Amazigh Yebba, Enzo Tesic et Léon Marchand, encore. Heureux de se fondre dans un collectif, l'ancien nageur d'Arizona State rêve d'emmener dans sa vague cette conquérante génération « Gavroche 2024 ».

UN MODÈLE PRÉNOMMÉ LÉON

Déjà source d'inspiration pour les autres nageurs tricolores par ses performances et son attitude, le phénomène Marchand est aussi un exemple pour tous les passionnés de natation et les 380 000 licenciés de la discipline.

« Il y a un vrai effet Marchand », assure Vincent Gardeau, président des Dauphins du TOEC depuis 2012. Cet ami de la famille le constate depuis plusieurs mois : « De plus en plus de jeunes poussent les portes de notre piscine pour faire comme Léon Marchand. » Grâce à ses cinq titres de champion du monde en deux ans et à son attitude toujours positive, le prodige « a conquis le cœur des jeunes nageurs de France », poursuit Alain Bernard, qui constate lui aussi, dans son club d'Antibes, un engouement particulier autour de l'ancien étudiant d'Arizona State. « Malgré ses victoires, il reste simple et abordable, ce qui permet aux jeunes de s'identifier à lui », salue le double champion olympique. Pour l'ancien sprinter, « Léon Marchand est un ambassadeur parfait pour la natation. Je trouve ça bien qu'un nageur aussi complet devienne un modèle car il prouve qu'il n'y a pas que le sprint et le crawl ». « On sent monter un peu partout en France un intérêt nouveau pour Léon Marchand et pour la natation », poursuit Jonathan Cohen, de *Natation Magazine*. Lors des derniers championnats de France, à Chartres, puis surtout à Rennes en 2023, les scènes de liesse à chaque passage du nageur d'Arizona State pour obtenir un selfie ou un autographe ont permis de mesurer la star qu'il est devenu.

Un exemple pour ses pairs

À 22 ans, le Toulousain est clairement la locomotive des Bleus, comme l'explique Julien Issoulié : « Ses résultats montrent que tout le monde peut progresser en ayant un bon programme, un bon entraînement, en étant sérieux, en étant bien concentré. » D'autant que malgré son changement de dimension, Léon Marchand « est resté le même dans le groupe, se félicite le directeur technique national. Il est toujours très cool, très détendu, il vit vraiment bien avec les autres et amène de la fraîcheur et une exemplarité dans ce qu'il fait », décrivait-il à *Ouest-France*. Triple championne de France du 200 m dos, Pauline Mahieu savoure la présence du Toulousain : « Juste on regarde et on admire car c'est vraiment impressionnant. Il dégage une sérénité en dehors des bassins, dont il faut prendre exemple. On ne peut pas tout faire comme lui dans l'eau, mais ce qu'il fait en dehors, comment il se prépare, il faut s'en inspirer », décrivait-elle à *L'Équipe*. La veille de sa course, Marie Wattel a avoué qu'elle avait rêvé de la victoire de son compatriote sur 400 m 4 nages. « Il casse les barrières mentales et chronométriques et nous donne envie à tous d'élever notre niveau », confiait la médaillée d'argent aux Mondiaux 2022 sur 100 m papillon dans le quotidien sportif.

Tous derrière le soldat Léon !

À Budapest, les résultats de la première journée ont désinhibé le clan français. « On parle souvent de l'importance de débloquer le compteur, un lieu commun pas si anodin. C'est aussi débloquer les cerveaux d'une pression trop forte et parfois d'un léger complexe d'infériorité. Malgré les performances des nageurs, on a toujours tendance à se mésestimer par rapport aux grosses nations », explique Thomas Sammut, préparateur mental de Florent Manaudou et Léon Marchand. Quand Léon parvient à battre les Américains, ça fait un bien fou. Si Léon est capable de le faire, les autres se disent : « Moi aussi, je peux faire quelque chose de grand. »

En plus de décomplexer toute l'équipe, les autres nageurs saluent également le sens du collectif de Léon Marchand. « C'est un bon mec, qui n'hésite pas à aller encourager ses potes, comme Maxime Grousset, en tribune », décrit Jonathan Cohen. Et qui demande conseil à ses aînés, comme le capitaine de l'équipe de France, Florent Manaudou, afin d'avoir la meilleure attitude pour participer à la vie collective. « Il a vraiment la tête sur les épaules, est très positif et dans l'humilité, confirme Marie Wattel qui mesure la chance incroyable de le côtoyer. » Retiré des bassins depuis 2017, Camille Lacourt ne cache pas qu'il aurait lui aussi « adoré nager aux côtés de Léon Marchand. C'est une tête d'affiche fantastique pour la natation, qui emmène avec lui les autres Bleus. On sent que tout le monde à envie de s'inspirer de Léon et de suivre la voie qu'il a tracée, s'enthousiasme le consultant de France Télévisions. Je pense que ceux qui vivent des compétitions internationales avec lui ont la possibilité d'apprendre plus vite, expliquait le quintuple champion du monde en dos. Il faut savourer d'avoir un tel champion français ». ●

Camille Lacourt, ex-champion de natation

« Ceux qui vivent des compétitions internationales avec lui ont la possibilité d'apprendre plus vite. »

ADOUBÉ PAR LES « ANCIENS »

Depuis 2022, Léon Marchand semble repousser toutes les limites de la natation, pour le plus grand plaisir des anciens champions de la discipline Florent Manaudou et Alain Bernard.

« Ce sera le nageur qui aura le plus beau palmarès de la natation française », prophétise Florent Manaudou au micro de RMC. Capitaine et leader de l'équipe de France de natation, le quadruple médaillé olympique est un observateur de choix qui, en plus de sa propre expérience, a vécu celle de sa sœur. Championne olympique en 2004, triple championne du monde en 2005 et 2007, Laure Manaudou a marqué un tournant dans la natation française par sa précocité, son palmarès retentissant et sa célébrité. « Ma sœur était très, très forte pendant trois ou quatre ans, mais je pense qu'il durera plus longtemps », prédit le licencié du Cercle des nageurs de Marseille. « Le haut niveau est compliqué et quand tu t'entraînes avec Philippe Lucas et que tu fais 18 bornes par jour dans la piscine, à un moment, tu as envie d'avoir une vie… » Pour le champion olympique du 50 m à Londres, qui côtoie Marchand en équipe de France et partage le même préparateur mental, Thomas Sammut : « Léon est heureux et je sais que le sport est la partie plaisir de sa vie. C'est un athlète complet, épanoui. C'est assez rare de nos jours d'avoir un sportif qui a autant la tête sur les épaules si jeune. » Un portrait élogieux qui fait d'autant plus plaisir à Florent Manaudou qu'il avait en poster dans sa chambre d'enfant son idole… Xavier Marchand. Champion olympique à 25 ans, Alain Bernard a aussi du mal « à trouver des limites au prodige ». Le nageur d'Antibes, conscient des sacrifices et de la difficulté de gagner, conseille à son cadet de « profiter car on ne sait jamais de quoi la suite d'une carrière sera faite ». Mais pour le consultant, s'il « continue de travailler et cultiver sa polyvalence, Léon Marchand peut régner sur la natation française ». Sans oublier de rappeler que dans son sport : « La finalité est de briller aux Jeux. » Le sommet passera donc par Paris, pour un Marchand qui pourrait par la même occasion se rapprocher des légendes de son sport, à commencer par la plus grande de toute, Michael Phelps. •

Pauline Mahieu, triple championne de France du 200 m dos

« Juste on regarde et on admire. Il dégage une sérénité en dehors des bassins, dont il faut prendre exemple. »

« C'EST ASSEZ RARE DE NOS JOURS D'AVOIR UN SPORTIF QUI A AUTANT LA TÊTE SUR LES ÉPAULES SI JEUNE. »

Florent Manadou

« IL CASSE LES BARRIÈRES MENTALES ET CHRONOMÉTRIQUES ET NOUS DONNE ENVIE À TOUS D'ÉLEVER NOTRE NIVEAU. »

Marie Wattel, médaillée d'argent du 100 m papillon aux Mondiaux 2022

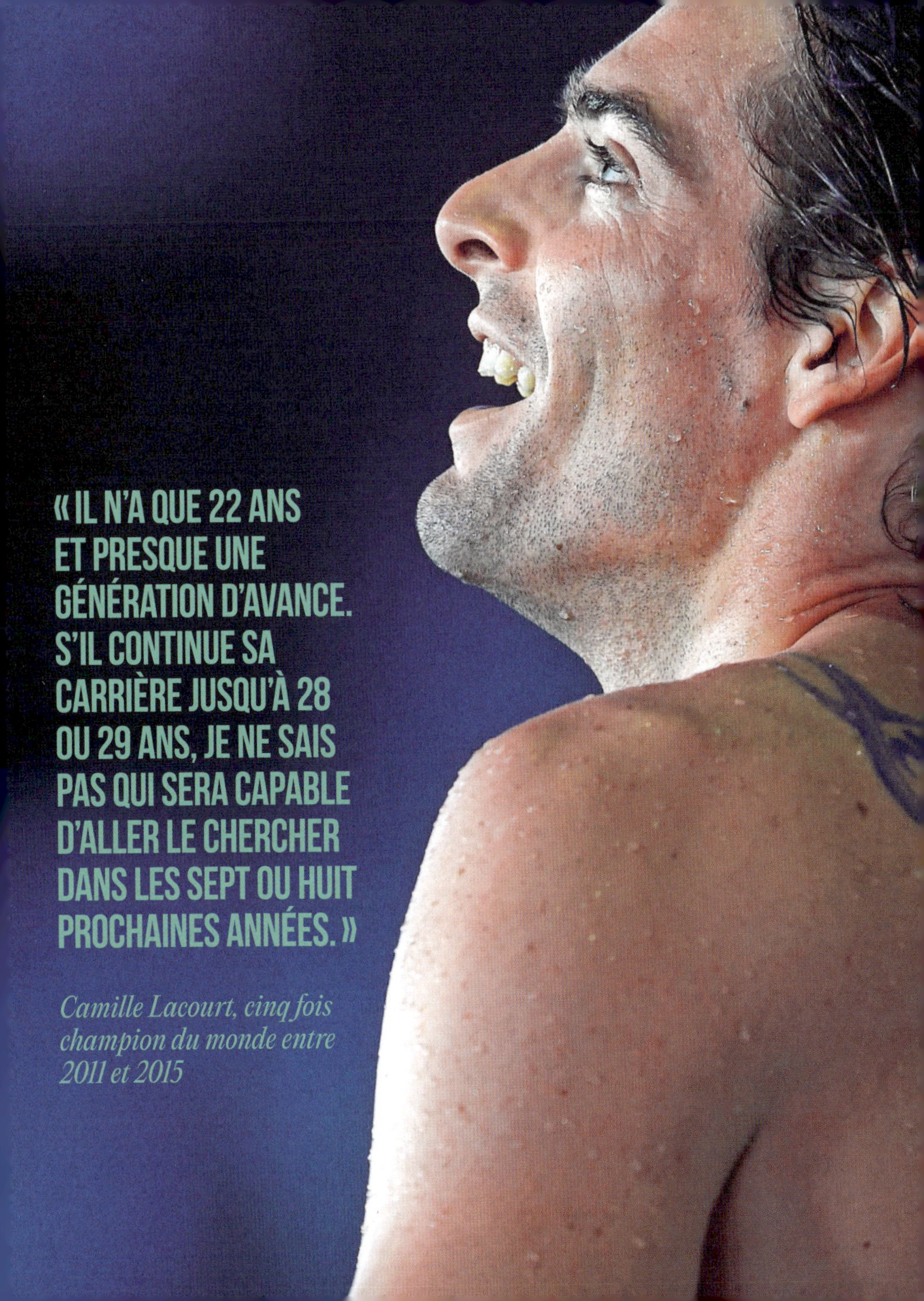

« IL N'A QUE 22 ANS ET PRESQUE UNE GÉNÉRATION D'AVANCE. S'IL CONTINUE SA CARRIÈRE JUSQU'À 28 OU 29 ANS, JE NE SAIS PAS QUI SERA CAPABLE D'ALLER LE CHERCHER DANS LES SEPT OU HUIT PROCHAINES ANNÉES. »

Camille Lacourt, cinq fois champion du monde entre 2011 et 2015

9

Dans la vague de Phelps

Même coach, mêmes disciplines pratiquées et même talent dans l'eau. Depuis plusieurs mois, Léon Marchand nage dans la vague de l'athlète le plus titré de l'histoire des Jeux, la légende Michael Phelps. Jusqu'où pourra-t-il s'en approcher ?

MICHAEL PHELPS, LA LÉGENDE

Entre 2000 et 2016, l'Américain a dominé comme personne auparavant la natation mondiale, se constituant l'un des palmarès les plus impressionnants de l'histoire du sport.

« Tout a commencé avec ce rêve de gamin de réussir quelque chose que personne n'avait jamais fait. Terminer avec des Jeux comme ça, c'est parfait. » Le 13 août 2016, la planète sport a les yeux rivés sur sa télévision lorsque Michael Phelps, encore essoufflé par sa course, s'adresse aux journalistes. À 31 ans, l'Américain vient de décrocher son 23e titre olympique lors de la victoire des États-Unis au relais 4 x 100 m 4 nages, qui clôture le programme de natation des Jeux de Rio de Janeiro. Les yeux embués, alors que sa fiancée Nicole et sa mère Debbie pleurent dans les tribunes, « The Baltimore Bullet » (la Balle de Baltimore) ferme le dernier chapitre d'une carrière sportive que personne n'avait jamais osé imaginer. En seize ans de carrière, Michael Phelps a écrit son propre *Guinness Book des records*, à coup de titres et d'exploits, jusqu'à atteindre seul, avec 28 médailles, le toit de l'Olympe en faisant même mieux que le sprinter antique Léonidas de Rhodes et ses 12 médailles individuelles au IIe siècle avant J. C.

Le plus grand nageur de tous les temps

À Rio, l'ex-retraité Phelps a amassé 5 nouveaux titres olympiques (4 x 100 m et 4 x 200 m nage libre, 200 m papillon, 200 et 4 x 100 m 4 nages) et 1 médaille d'argent (100 m papillon). Une nouvelle razzia de breloques qui s'ajoute aux 8 d'Athènes en 2004 (6 en or), 8 en or de Pékin en 2008 et 6 de Londres en 2012 (4 en or), où il avait battu le record du nombre total de médailles olympiques pour un athlète. Entre 2001 et 2011, l'Américain est également devenu, avec 33 podiums (dont 26 titres), le nageur le plus médaillé lors des championnats du monde. Égrener le palmarès et les records de la carrière du meilleur nageur de tous les temps donne le tournis, à l'image de ces Jeux 2008 durant lesquels Phelps réalise une performance historique, en remportant toutes les courses dans lesquelles il était aligné. Un 8/8 qui lui permet de dépasser ainsi le record de Mark Spitz, un autre nageur américain, qui avait

11 août 2008. Michael Phelps célèbre la victoire de l'équipe américaine au relais 4 x 100 m nage libre, son huitième titre des Jeux de 2008.

remporté sept médailles d'or aux Jeux de Munich en 1972.

Le « Kid de Baltimore » voit le jour treize années plus tard, le 30 juin 1985, du côté de Towson, dans le Maryland. Fils d'un policier et d'une directrice d'école, « MP » est rapidement diagnostiqué hyperactif et décide de suivre, à 7 ans, ses deux nageuses de sœurs à la piscine afin de canaliser son énergie. Doué, il ne quittera plus le bassin du North Baltimore Aquatic Club et la compagnie d'un certain Bob Bowman. Alors âgé d'une trentaine d'années, l'entraîneur réalise très vite le potentiel de ce diamant à polir. Hyper-précoce, Michael Phelps se fait un nom dès les Jeux de Sydney en 2000 en devenant, à 15 ans, le plus jeune Américain à concourir aux Jeux depuis soixante-huit ans. Il termine 5e sur 200 m papillon et prend rendez-vous avec la compétition reine. Un an plus tard, le duo savoure un premier titre de champion du monde sur 200 m papillon et un premier record du monde. À tout juste 16 ans, Michael Phelps commence à écrire sa légende et se voit affublé du surnom de « Poisson volant » en raison de ses qualités physiques exceptionnelles.

Un régime à 12 000 calories/jour !

Avec sa grande taille (1,93 m), sa longue envergure (2,01 m), ses petites jambes (81 cm) et ses palmes presque naturelles (47 de pointure), Michael Phelps a hérité d'un corps parfait pour la natation. Ces mensurations lui permettent en effet de disposer d'une surface au contact de l'eau optimale. Pour alimenter ce corps surdimensionné, le champion américain suit un régime alimentaire bien particulier. Au menu de chacun de ses petits déjeuners : trois sandwichs fromage-salade-tomate-oignons, trois pancakes aux pépites de chocolat, une omelette de cinq œufs, trois tranches de pain perdu au sucre et enfin un bol de porridge. Au total, le *New York Post* estimait en 2012 que Phelps ingurgitait chaque jour 12 000 calories, soit cinq fois la moyenne pour un homme. Aux côtés du stratège Bob Bowman, la star des bassins complète sa panoplie du parfait nageur par une technique très efficace qui lui permet de minimiser sa résistance à l'eau, d'être le plus rapide dans les virages et d'effectuer des coulées plus longues que ses adversaires. Là où, en son temps, la star australienne du 200 m Ian Thorpe avait une coulée de 5 mètres, celles de l'Américain mesurent 12 mètres… Phelps descend aussi plus profond que ses adversaires, à environ 1,50 m, pour éviter les turbulences et profiter de la densité de l'eau. Il révolutionne son sport et devient le roi des parties non nagées. Résultat : le champion dispose d'une polyvalence rare en plus de ses talents en papillon, sa nage de prédilection. Cela lui permet de participer et de remporter les épreuves individuelles en « 4 nages » (200 et 400 m) et de défier les spécialistes des autres disciplines les yeux dans les yeux.

Un dur prix à payer !

La physique hors norme et la technique unique de Michael Phelps ne seraient rien sans une éthique de travail inimitable et un mental à toute épreuve. Tous les jours, le nageur s'inflige 13 kilomètres d'allers-

15 août 2008.
À Pékin, Michael Phelps, remporte son deuxième titre consécutif sur 200 m 4 nages.

retours. Une charge de travail énorme qui permet à « la machine Phelps » d'enchaîner les courses à un rythme effréné et à un niveau insensé. D'autant que pour le duo de tacticiens Bowman-Phelps rien n'est laissé au hasard, tout est régulé vers un seul objectif : la performance. Malgré les victoires et la célébrité, cette cadence hors norme fait peu à peu souffrir le meilleur nageur de la planète, qui met une première fois fin à sa carrière en 2012 après les Jeux de Londres. Entre alcool, drogue et pensées suicidaires, la star sombre et devient un des premiers athlètes à parler ouvertement de santé mentale et de dépression à une époque où la question était encore taboue. L'athlète le plus titré de la planète devient le porte-parole de ce fléau qui touche beaucoup de sportifs et se donne pour mission d'alerter sur la question. Il produit même un documentaire en 2022, Le *Poids de l'or,* dans lequel il se confie et donne la parole à plusieurs athlètes pour raconter leurs problèmes de santé mentale.

Léon Marchand, un Michael Phelps à la française ?

Devenu une figure majeure et inspirante pour les jeunes du monde entier, Michael Phelps ne tourne pas pour autant le dos aux bassins après sa retraite en 2016. Il joue le consultant de luxe pour des télévisions américaines lors des principales compétitions et commente avec passion les exploits de la nouvelle génération. C'est ainsi que le 23 juillet 2023, il vécut debout, en tribune de presse pour NBC, la perte de son record du monde sur 400 m 4 nages 4'02"50 (contre 4'03"84) battu par le nouveau protégé de son coach et mentor Bob Bowman, Léon Marchand. Le Français de 21 ans, que les médias américains n'hésitent pas à qualifier de « nouveau Phelps », s'empare du dernier record individuel du « Kid de Baltimore » qui tenait depuis Pékin. Telle une passation de pouvoir, c'est Michael Phelps en personne qui vient remettre la médaille d'or à un gamin bercé aux exploits de la légende du sport mondial. Et qui prouve par ce geste qu'il n'y a pas que les chiffres qui font un champion.

28

AVEC 28 MÉDAILLES AUX JEUX – DONT 23 TITRES – ENTRE 2004 ET 2016, PHELPS EN COMPTE 10 DE PLUS QUE LA GYMNASTE RUSSE LARISSA LATYNINA (1956-1964) QUI LE SUIT AU CLASSEMENT ET 16 DE PLUS QUE L'ATHLÈTE FINLANDAIS PAAVO NURMI (1920-1928).

8

À PÉKIN, EN 2008, PHELPS A DÉCROCHÉ 8 TITRES OLYMPIQUES (200 M, 100 M ET 200 M PAPILLON, 200 M ET 400 M 4 NAGES, 4 X 100 M, 4 X 200 M, 4 X 100 M 4 NAGES). C'EST UN TITRE DE PLUS QUE MARK SPITZ, AUTRE NAGEUR AMÉRICAIN, EN 1972 À MUNICH.

4

Il est le seul nageur masculin à avoir remporté 4 fois de suite la même épreuve individuelle aux Jeux (200 m 4 nages entre 2004 et 2016).

39

AU COURS DE SA RICHE CARRIÈRE, MICHAEL PHELPS A BATTU 39 RECORDS DU MONDE.

33

SON NOMBRE DE MÉDAILLES AUX CHAMPIONNATS DU MONDE, DONT 26 TITRES ENTRE 2001 ET 2011. C'EST 6 DE PLUS QUE SON COMPATRIOTE RYAN LOCHTE (2005-2015) ET 7 DE PLUS QUE L'AMÉRICAINE KATIE LEDECKY (2013-2023).

UN RECORD DU MONDE COMME PASSAGE DE FLAMBEAU

Dimanche 23 juillet, Léon Marchand remporte le 400 m 4 nages aux championnats du monde de Fukuoka et s'empare du dernier record de Michael Phelps, sous les yeux bienveillants de la légende.

« C'est le plus grand nageur de tous les temps, donc forcément, c'est assez spécial pour moi. » Aux micros des journalistes, Léon Marchand, le sourire jusqu'aux oreilles, a encore du mal à réaliser l'exploit qu'il vient de réaliser. À 21 ans, le nageur d'Arizona State vient de conserver son titre de champion du monde du 400 m 4 nages, mais a surtout effacé le dernier record du nageur le plus titré de l'histoire, Michael Phelps, de plus d'une seconde (4'02"50 contre 4'03"84). Comme un clin d'œil de l'histoire, la dernière fois que des Mondiaux s'étaient posés à Fukuoka, en 2001, l'Américain remportait la première de ses 26 médailles d'or mondiales sur 200 m papillon tandis que le Toulousain n'était pas encore né.

Un record explosé !

Vingt-deux années se sont écoulées, lorsqu'à 21 h 21, les huit nageurs de la finale mondiale s'élancent. Couloir 5 et bonnet blanc sur la tête, Léon Marchand est scruté par toute la planète natation. Le nageur entraîné par Bob Bowman et Nicolas Castel a dans le viseur le record du monde et réalise un départ canon, que seul l'Américain Carson Forster arrive à suivre lors du papillon, puis du dos. Le passage en brasse, sa nage favorite, fait prendre au Français une avance décisive sur ses rivaux, et dès le passage au crawl, les 7 000 spectateurs du bassin du Marine Messe comprennent que ce n'est plus le titre qui se joue. À la télévision, le Français devance de près de 2 secondes la fameuse ligne rouge signifiant le record du monde. Porté par un public japonais en fusion, Marchand conclut son effort en crawl. « Oh, mon Dieu ! Sa nage est vraiment parfaite ! Il va le faire », s'étouffe presque Michael Phelps, debout dans les tribunes, d'où il commente la course pour la chaîne américaine NBC. La légende applaudit alors que Léon Marchand touche le bord. 4'02"50 et un « World Record » s'af-

NOUVEAU RECORD DU MONDE

LÉON MARCHAND

400 M • 4 NAGES
4'02"50

CHAMPIONNATS DU MONDE DE NATATION

Fukuoka, Japon
23 juillet 2023

Record précédent :
4'03"84
MICHAEL PHELPS, 2008 (USA)

fichent sur l'écran tandis que le Toulousain tape dans l'eau de joie, conscient que sa performance va le faire entrer dans une autre dimension.

Une photo pour l'éternité

L'image prise quelques minutes plus tard, sur le podium, va faire le tour du monde. Sous les yeux d'un Bob Bowman ému, Phelps remet la médaille d'or à son nouveau champion. Le passage de flambeau entre les deux nageurs, qui se rencontrent pour la première fois, apparaît évident : « J'ai vu sa course de 2008 un milliard de fois sur YouTube », confie le nouveau recordman du monde. « Il m'a félicité et m'a dit beaucoup de choses pour que je m'améliore la prochaine fois. Il pense que je peux finir plus vite en crawl », révèle Léon Marchand lors de la conférence de presse, déjà concentré sur ses autres objectifs au Japon. Une ambition aussi débordante que son talent qui n'est pas sans rappeler celle de son aîné, avec lequel la filiation apparaît de plus en plus flagrante.

SUR LES TRACES DU MAÎTRE

Si Léon Marchand a déjà effacé quelques records de Michael Phelps, le palmarès de la légende de la natation était plus important au même âge que celui du prodige français.

« Lorsque je le vois travailler tous les jours, je me revois en lui, a confié Michael Phelps à un journaliste du quotidien italien *La Stampa*. Je n'aimerais pas l'avoir comme rival aujourd'hui… » Pourtant, les ressemblances sont nombreuses entre l'icône américaine et Léon Marchand, la nouvelle star des bassins. Physiquement plus léger (1,87 m, 77kg) que son aîné (1,93 m, 90kg), le Français partage le même entraîneur, la même précocité, la même technique hors norme et pratique les mêmes disciplines que son aîné pour dominer la natation mondiale. Une comparaison que le Toulousain, dont Phelps est le modèle, préfère minimiser : « Il a commencé plus tôt, il était plus doué, plus travailleur. Mais je vais essayer de le rattraper. » Une tâche peu évidente en termes de palmarès. À 21 ans, « The Baltimore Bullet » comptait déjà le double de titres mondiaux (10 titres, 3 médailles d'argent) que les cinq de l'ancien nageur d'Arizona State, bien aidé, il est vrai, par ses quatre médailles d'or obtenues grâce aux relais américains. Si les deux nageurs ont en commun de ne pas avoir remporté de médailles lors de leur découverte des Jeux, le Français avait 19 ans, le « Kid de Baltimore » 15. Il était alors le plus jeune Américain à disputer des Jeux depuis soixante-huit ans. Quatre ans plus tard, Phelps est devenu la star d'Athènes en décrochant le 100 et le 200 m papillon, le 200 et le 400 m 4 nages, le relais 4 x 200 m nage libre et le relais 4 x 100 m 4 nages (et 2 médailles de bronze). Du jamais vu, même si, en termes de chronomètre, la différence entre les deux nageurs est moins évidente.

Tous les espoirs sont permis

En championnat universitaire, Léon Marchand a marché dans les pas du maître et est devenu, le 21 janvier 2023, le premier nageur à détenir simultanément les records du 200 et du 400 yards 4 nages depuis… Michael Phelps *himself* en 2006 (en duo avec Bob Bowman). Le 15 avril 2023, l'ancien Dauphin du TOEC a également effacé son record de 2012 des

« Je n'aimerais pas avoir Léon Marchand comme rival aujourd'hui... »

Michael Phelps

tablettes du circuit US des Pro Series sur le 200 m 4 nages de Westmont en 1'55"68. Une série d'exploits que Léon Marchand a donc étoffée aux yeux du monde en battant l'Américain sur 400 m 4 nages. Si, au même âge, Michael Phelps était déjà détenteur des records du monde sur 200 m papillon, 200 et 400 m 4 nages, Léon Marchand nage déjà plus vite que lui sur ces trois distances grâce à une brasse bien meilleure et des coulées jamais vues auparavant qui compensent les carences du Français sur le point fort de Phelps, le dos. Chacun des deux a d'ailleurs en commun de jouer sur ses atouts majeurs, comme l'analysait l'athlète dans le quotidien *L'Équipe*: « Il est excellent dans les parties sous-marines et phénoménal en brasse. J'aime bien voir des nageurs aussi polyvalents, je sais ce que ça demande de nager autant d'épreuves différentes ! » Et il en faudra encore beaucoup pour que Marchand continue de s'approcher du palmarès gargantuesque de Phelps. •

LE COACH BOB BOWMAN EN FILIATION

En septembre 2021, Léon Marchand a rejoint aux États-Unis le mythique coach et mentor américain de Michael Phelps durant sa carrière, pour poursuivre sa progression auprès du plus grand.

« Léon me rappelle Michael au même âge. Ils sont très semblables dans leurs approches des entraînements et leur envie de donner le meilleur d'eux-mêmes. Ils gèrent tous les deux très bien la pression. » Qui mieux que Bob Bowman est légitime pour comparer les deux stars des bassins ? Depuis septembre 2021, le mythique coach américain du nageur le plus titré de l'histoire, 59 ans, entraîne celui que les spécialistes désignent comme son successeur. Pour le prodige français, le choix de rejoindre l'université d'Arizona State, dont il a été l'entraîneur de 2015 à avril 2024, a tout de suite été une évidence: « Le contact avec Bob est vraiment facile. Le projet est bien ficelé. C'est un entraîneur qui m'inspire confiance, il sait de quoi il parle, il connaît la discipline. »

Un « deuxième père » pour Michael

Robert « Bob » Bowman n'a rien d'un illustre inconnu pour le grand public. De 1997 à 2016, il a façonné le plus grand champion de l'histoire de la natation à base de techniques de motivation novatrices, d'études scientifiques et d'une rigueur dans le travail unique. Originaire de Caroline du Sud, l'entraîneur a la trentaine lorsqu'il se lance dans la quête d'un champion de natation aux États-Unis. En 1997, à Baltimore, il découvre un jeune nageur de 11 ans et est tout de suite convaincu de détenir un futur champion olympique. Grâce à son travail aux côtés de ce diplômé en psychologie, Michael Phelps obtiendra 23 titres olympiques au cours d'une carrière durant laquelle ses sacrifices presque inhumains ont toujours été compensés par une relation humaine exceptionnelle. Plus qu'un entraîneur, Bob Bowman est un « deuxième père » pour « MP », qui, fait rare en natation, est resté fidèle à lui jusqu'à sa retraite en 2016.

Un « parent de substitution » pour Léon

Depuis, celui qui a été coach des États-Unis aux Jeux de 2004 et 2012 a publié un livre, *Les Règles d'or de l'excellence*, et mis le cap sur le soleil de Tempe pour enseigner sa méthode aux étudiants d'Arizona State pendant huit ans. C'est là qu'il a pris sous son

23 juillet 2023. Michael Phelps félicite Bob Bowman et Léon Marchand pour leurs records. #m_phelps00

« BATTRE LE RECORD DU MONDE ET QUE CE SOIT MICHAEL QUI LUI REMETTE SA MÉDAILLE. C'ÉTAIT VRAIMENT UN MOMENT TRÈS PARTICULIER POUR MOI, UN MOMENT TRÈS ÉMOUVANT. »

Bob Bowman, à propos du record de Léon Marchand sur le 400 m 4 nages

aile, en septembre 2021, la nouvelle pépite de la natation française, âgée de 19 ans « très impressionné par la curiosité et l'accessibilité » de son coach. Fin psychologue, Bowman accepte à la demande de Léon Marchand de cohabiter avec Nicolas Castel, son premier entraîneur resté à Toulouse. Il s'attache dans un premier temps à agir comme « un parent de substitution » pour faciliter l'acclimatation de son jeune nageur, immédiatement sous le charme. Marchand découvre l'exigence, le sens du détail et l'intensité de la pratique sauce Bowman : « On est toujours dans la limite, sans la dépasser. Tous les entraînements sont intéressants pour moi. Quand je sors d'une séance, je me dis : "J'ai amélioré ça." C'est concret. Je ne fais pas des longueurs pour faire des longueurs. Je sens que je suis plus efficace dans ce que je fais », apprécie-t-il. Au contact du coach américain, Léon apprend à soigner son alimentation et progresse à une vitesse déconcertante. Pour accélérer sa progression sans le griller, Bob Bowman s'inspire de ce qu'il a vécu avec Michael Phelps en s'adaptant à la technique et à la personnalité du Dauphin du TOEC. Le duo fonctionne à la perfection.

Le capital sympathie et l'ouverture d'esprit de cet amateur de courses de chevaux et de vin lui permettent même de rejoindre le staff de l'équipe de France pour apporter son expérience et sa sérénité à son protégé. Bowman accompagne son nageur lorsqu'il n'est pas le coach des États-Unis. Un rôle dans lequel il a vécu « une soirée très spéciale », le 23 juillet 2023, lorsque son nouvel élève, Léon Marchand, détronait le record du monde de son ancien poulain sur 400 m 4 nages. « Le voir nager si bien, respecter sa stratégie à la perfection, battre le record du monde et que ce soit Michael qui lui remette sa médaille. C'était vraiment un moment très particulier pour moi, un moment très émouvant, avouera le mythique entraîneur qui, malgré près de trente ans de carrière, vibre encore. Je crois bien avoir versé une petite larme. »

26 juillet 2023. Finale du 200 m papillon des championnats du monde, Léon Marchand s'empare du titre et du record de France sur la discipline.

L'OLYMPE PASSE PAR PARIS

À l'approche des Jeux, tous les espoirs de la France sont tournés vers Léon Marchand pour briller à domicile. Une échéance durant laquelle le nageur souhaite marquer les esprits.

« La pression qu'il aura sur les épaules à Paris, je l'ai vécue avec Michael Phelps. Je sais à quoi ça va ressembler à Paris, mais ça ne m'inquiète pas, je suis extrêmement confiant », assurait Bob Bowman dans une interview au *Monde*. L'entraîneur américain de Léon Marchand, qui a remporté 28 médailles en cinq olympiades avec Phelps, sera en tout cas aux côtés du staff de l'équipe de France pour cette campagne à la maison. « J'avais promis d'être là, tout au long de ce voyage capital, je serai donc là pour le guider face aux nombreux défis qui peuvent rendre son parcours unique. » L'expérience de Bob Bowman ne sera pas de trop pour accompagner Léon Marchand dans sa quête de médailles en juillet 2024, alors que toute la France aura les yeux rivés sur l'un de ses plus gros espoirs de médailles olympiques. Un sujet qu'il évoque avec Thomas Sammut, son préparateur mental depuis 2020, conscient qu'une partie non négligeable de sa réussite à Nanterre viendra de sa capacité à gérer les attentes énormes de ses compatriotes.

Le Toulousain a rendez-vous avec l'histoire dans l'Arena construite derrière l'arche de La Défense. À 22 ans, l'ancien étudiant des Sun Devils visera évidemment les titres olympiques sur 400 m 4 nages (28 juillet), dont il essaiera d'améliorer à nouveau le record du monde, et le 200 m 4 nages (1er et 2 août), dont il sera le grand favori. Léon Marchand pourrait-il aussi tenter d'aller chercher des médailles sur 200 m papillon, 200 m brasse, voire le 200 m nage libre, en plus de quelques relais avec ses potes de l'équipe de France ? Pour l'heure, le nageur et son coach gardent le mystère

LE SPORT FRANÇAIS TIENT UN CHAMPION CAPABLE DE REMPORTER AU MOINS TROIS TITRES LORS DES JEUX DE PARIS.

30 juillet 2023. Moisson dorée pour Léon Marchand avec 3 titres mondiaux remportés aux championnats du monde de Fukuoka sur 200 m papillon, 200 m 4 nages et 400 m 4 nages.

sur un programme dense : la brasse et le papillon ayant, par exemple, lieu les mêmes jours (30 et 31 juillet). « On optera pour l'épreuve dans laquelle Léon aura le plus de chances de gagner », a déjà prévenu le stratège Bob Bowman. Une chose est certaine, pour l'une des premières fois de son histoire, le sport français tient un champion capable de remporter trois titres, ce que personne n'a réalisé en un même été olympique depuis le cycliste Robert Charpentier en 1936. Et depuis l'archer Julien Brulé (or, 3 argent, bronze) en 1920 et l'escrimeur Roger Ducret (3 ors, 2 argent) en 1924 aucun athlète n'a remporté 5 médailles lors de la même olympiade. C'était il y a un siècle… à Paris. « S'il parvient à remporter un ou deux titres, ce sera déjà exceptionnel », temporise le quintuple champion du monde en dos, Camille Lacourt, pour *Natation Magazine*. Exceptionnel, mais suffisant pour combler ce champion plein d'ambitions dont le modèle est Michael Phelps ?

10

Projet Marchand

L'image de Léon Marchand, son entourage stable et sa stratégie de rareté à la Mbappé en font un sportif très apprécié des marques. Concentré sur ses performances avant tout, le Toulousain n'en fait pas une priorité.

UN NAGEUR QUI NE FAIT PAS DE VAGUES

Humble et respectueux, Léon Marchand fait l'unanimité auprès des personnes qui l'ont côtoyé. Sa maturité et sa communication basée sur la performance forcent le respect.

« Pour moi, Léon Marchand, c'est Thomas Pesquet. Un garçon charmant, qui réussit tout ce qu'il entreprend, se plie au jeu des médias, mais n'est jamais dans le narcissisme. » L'analogie du journaliste sportif Alexandre Boyon devrait faire sourire le passionné d'aviation qu'est Léon Marchand. Et si l'astronaute préféré des Français est beaucoup plus présent dans les médias que le jeune nageur, la comparaison du visage de la natation de France Télévisions est pertinente. À l'image de celui qui côtoie Léon depuis qu'il est enfant, la personnalité et le sourire contagieux de Marchand font l'unanimité dans le monde de la natation. « Je trouve qu'il incarne parfaitement cette nouvelle génération de nageurs insouciante et très respectueuse », apprécie Alain Bernard, le double champion olympique sur 100 m (2008 en simple, 2012 en relais). « Léon Marchand n'a ni le côté rock star de Michael Phelps, n'est peut-être pas aussi beau gosse qu'un Camille Lacourt ou brut de décoffrage qu'un Florent Manaudou, mais il est focus sur ses objectifs et les réussit », analyse Vincent Chaudel. « Toute son image dans les médias ou sur les réseaux sociaux est basée autour de la performance », apprécie l'expert en marketing et communication. Un athlète concentré sur sa carrière et amoureux du travail bien fait, qui, de Toulouse à Tempe, n'a jamais fait de vagues et impressionne. « Quand j'entends Léon, j'ai l'impression qu'il a la maturité que j'avais à 28 ou 29 ans, après avoir connu de nombreux échecs », confessait Camille Lacourt dans *Natation Magazine*. Il n'a que 22 ans, mais il a déjà un recul et une intelligence impressionnante », complète le quintuple champion du monde (trois fois en 50 m dos, un titre en 100 m dos et en 4 x 100 m 4 nages). Résultat, si le discret et poli Léon Marchand ne cherche pas la notoriété, « il semble s'en accommoder avec succès, observe Vincent Chaudel. Une qualité utile pour un athlète de sa trempe, que des Laure Manaudou ou Laura Flessel en leur temps n'avaient pas su gérer ». Léon sait qu'il peut se reposer sur son entourage de confiance pour l'aider.

Pour moi, Léon Marchand, c'est Thomas Pesquet. Un garçon charmant, qui réussit tout cequ'il entreprend, se plie au jeu des médias,mais n'est jamais dans le narcissisme.

Alexandre Boyon, journaliste sportif

LE MBAPPÉ DE LA NATATION ?

À l'image du champion du monde de football, Léon Marchand bénéficie des conseils d'un entourage stable et resserré autour de sa famille et d'une avocate pour gérer les sollicitations des médias et des marques.

« Dès que j'ai commencé à m'intéresser à Marchand, il m'a fait penser à Mbappé », sourit Jean-Baptiste Guégan. Pour l'expert en géopolitique du sport, les comparaisons entre les deux athlètes sont nombreuses. « Ils partagent tous les deux une image de jeunes talentueux, ont des parents sportifs, une structure stable et resserrée autour d'eux et une communication basée uniquement autour de la performance. » Et même si Léon Marchand n'a pas encore la personnalité ou le potentiel marketing d'une superstar comme Kylian Mbappé, le nageur attire la lumière. Et les sollicitations, qu'il a pris pour habitude de filtrer au maximum avec son entourage. Pour cela, Céline Bonnet et Xavier Marchand travaillent avec Carole Bluzat, une avocate spécialisée en droit de la propriété intellectuelle, amie de longue date de la famille. À l'image de la célèbre avocate Delphine Verheyden pour Mbappé, c'est elle qui conseille et défend les intérêts d'un quintuple champion du monde qui, de l'aveu même du paternel dans *Ouest France*, « prend beaucoup de recul sur la sphère médiatique ».

Une simple vidéo de remerciement enregistrée après l'entraînement pour France Télévisions, une photo prise par la famille à Tempe avec le trophée, mais pas d'interview pour le titre de « Champion des champions » de *L'Équipe* et pas de réaction pour celui de sportif de l'année d'Eurosport... Le clan Marchand ne fait pas de favoritisme et n'hésite pas à dire non aux demandes médiatiques les plus prestigieuses. Depuis son explosion à l'été 2022, Marchand, toujours poli avec les journalistes, fait le job en consentant quelques sorties médiatiques ciblées en France, aux États-Unis ou encore au Japon. Avec un objectif : se préserver alors que tous les projecteurs seront braqués sur lui aux Jeux de Paris.

— Jean-Baptiste Guégan, journaliste —

« Ils partagent tous les deux une image de jeunes talentueux, ont une structure stable et resserrée autour d'eux et une communication basée uniquement autour de la performance. »

23 juillet 2023. Kylian Mbappé félicite Léon Marchand pour sa médaille d'or aux Championnats du monde de 400 m 4 nages, et le record du monde battu de Michael Phelps. #k.mbappe

Pour cela, les conseils de l'expérimenté Bob Bowman sont précieux. « Léon Marchand s'inscrit parfaitement dans la nouvelle génération d'athlètes français comme Victor Wembanyama ou Kylian Mbappé, qui planifient et organisent tout avec leur entourage autour de leurs objectifs », poursuit Jean-Baptiste Guégan. Et qui se soutiennent. À l'image de l'attaquant des Bleus aux 110 millions d'abonnés sur Instagram, qui félicite le nageur (suivi par près de 200 000 personnes), après son record du monde sur 400 m 4 nages : « Champion du monde. Record mondial battu. Historique, Bravo crack. » Après le projet Mbappé au football, à quand un projet Marchand au bord des bassins ?

LES MARQUES SE L'ARRACHENT

Ambassadeur d'Omega et de LVMH, Léon Marchand refuse de nombreux partenariats. Cette stratégie de la rareté lui permet de sélectionner les marques de son choix et de mieux valoriser son image.

Une vidéo avec LVMH, quelques publications sur les réseaux sociaux pour Omega, et voilà à peu près tout. Star de la natation mondiale depuis 2022, Léon Marchand n'a pas profité de son nouveau statut et de l'espoir qu'il suscite en vue des Jeux de Paris pour signer de nombreux sponsors. « L'idée est de capitaliser pour son avenir, mais il n'est pas dans la nécessité de gagner de l'argent. L'objectif est d'avoir des partenariats les moins contraignants possibles pour lui laisser le plus de temps pour ce qu'il a à faire. » Aussi rare dans les médias que le nageur qu'elle conseille dans les publicités, l'avocate Carole Bluzat a décrit la stratégie de Léon Marchand vis-à-vis des marques dans une interview à *L'Équipe*.

Il a tout pour plaire

En plus d'avoir été limité par son statut d'étudiant en université américaine qui interdit les étrangers de signer avec des marques américaines, Léon Marchand assume sa volonté de « ne pas se transformer en panneau publicitaire » et s'interdit d'envisager un aller-retour depuis les États-Unis pour une journée de promotion. Et à l'image de Kylian Mbappé,

— Carole Bluzat, avocate de Léon Marchand —

« L'objectif est d'avoir des partenariats les moins contraignants possibles pour lui laisser le plus de temps pour ce qu'il a à faire. »

31 JUILLET 2023. LVMH ET LÉON MARCHAND PROMEUVENT LEUR QUÊTE MUTUELLE D'EXCELLENCE. #LVMH #LEON.MARCHAND31

19 JUILLET 2023. LÉON MARCHAND ANNONCE SON NOUVEAU STATUT D'AMBASSADEUR DE MONTRE OMEGA. #LEON.MARCHAND31

31 JUILLET 2023. #LVMH #LEON.MARCHAND31

19 JUILLET 2023. LÉON MARCHAND POSE POUR LA MARQUE OMEGA. #LEON.MARCHAND31

le quintuple champion du monde ne souhaite que des contrats en accord avec ses valeurs et son excellente image.

« Jeune, beau gosse, bilingue, champion d'un sport qui fonctionne bien en Australie et en Asie, comparé à Michael Phelps et fort d'une *French-American success story* qui séduit les marchés européens et américains… » Au moment d'énumérer les qualités de l'image de Léon Marchand, le journaliste Jean-Baptiste Guégan est presque inarrêtable. Il faut dire que le Toulousain coche de nombreuses cases, dont profitent à ce jour les deux seuls sponsors avec lesquels Léon Marchand a signé un contrat : Omega et LVMH. La prestigieuse marque d'horlogerie suisse, chronométreuse officielle de la natation, a toujours eu comme ambassadeurs les stars des bassins, de Michael Phelps à Caeleb Dressel ou Federica Pellegrini. Désireuse de rajeunir son image, elle a enrôlé les deux étoiles mondiales des piscines en la personne du Français et du double champion du monde roumain David Popovici (100 m et 200 m en 2022), juste avant le Mondial au Japon et les trois titres et le record du monde sur 400 m 4 nages de Léon Marchand. De son côté, le leader mondial du luxe LVMH a annoncé son partenariat juste après cette performance historique, fière d'accueillir comme ambassadeur « un athlète qui a su séduire le public international par sa passion, sa détermination et son talent », en vue des Jeux de Paris, dont le groupe de Bernard Arnault est partenaire. « Comme nos artisans, Léon Marchand est un travailleur acharné dont le talent s'exprime dans la maîtrise de plusieurs techniques et dans une quête d'excellence constante pour se hisser au plus haut niveau mondial », a commenté Antoine Arnault, administrateur de LVMH.

Une statégie de l'offre et de la demande

Une stratégie de la rareté qui, à l'image de sa communication, n'étonne pas le journaliste Jean-Baptiste Guégan. « Il a de la demande, donc il a raison de sélectionner les marques qui lui correspondent afin de ne pas se disperser et de faire monter les prix. » À l'image de Zinédine Zidane, Roger Federer ou Kylian Mbappé, moins le sportif prend de marques, plus il les valorise et développe une image premium qui attire des partenariats uniques. Voilà pour le cours d'économie. « Comme de nombreux athlètes américains, Léon Marchand a choisi de se positionner vers le très haut de gamme pour ensuite toucher le grand public là où un Neymar, un Messi ou une Laure Manaudou à son époque disaient oui à un très grand nombre de marques, au risque d'écorner leur image », conclut le spécialiste. On ne marchande pas Marchand comme cela.

« Il a de la demande, donc il a raison de sélectionner les marques qui lui correspondent afin de ne pas se disperser et de faire monter les prix. »

Jean-Baptiste Guégan, journaliste

FIERTÉ DE LA VILLE ROSE

Léon Marchand est devenu un des plus célèbres ambassadeurs de Toulouse à l'international. Toujours licencié au TOEC, il constate à chacun de ses retours la « Marchandmania » qui s'empare de sa ville.

« Ce soir, le Capitole sera illuminé aux couleurs historiques des Dauphins du TOEC, meilleur club de France, pour célébrer notre héros toulousain, nageur français le plus titré de l'histoire en championnat du monde ! » Jeudi 27 juillet 2023, le maire de Toulouse Jean-Luc Moudenc, annonce sur X que le plus célèbre bâtiment de la « ville rose » se parera de vert et blanc pour célébrer les trois titres de Léon Marchand aux Mondiaux de Fukuoka.

Une première pour le club de natation et un honneur rare, qui « dit tout du statut de star » du pitchoune dans sa ville natale, selon Alexandre Tirat. Le journaliste sportif au quotidien local *La Dépêche* a assisté aux premières loges à l'éclosion du nageur : « Depuis la fin des années 1990, notre journal a toujours eu un œil particulier sur Xavier Marchand, vice-champion du monde du 200 m 4 nages en 1998 sous les couleurs des Dauphins. Lorsque, dans les années 2010, son fils a émergé, il a commencé à apparaître dans nos pages dans les rubriques locales. » Un traitement médiatique timide, qui a évolué au rythme des exploits du Toulousain. « Aujourd'hui, nous suivons l'actualité de Léon Marchand 24 heures sur 24 car il est devenu un des porte-drapeaux de la ville », avoue Alexandre Tirat qui ne cache pas que si le nageur n'est pas encore aussi célèbre que la

Alexandre Tirat, journaliste à La Dépêche

« Aujourd'hui, nous suivons l'actualité de Léon Marchand 24 heures sur 24 car il est devenu un des porte-drapeaux de la ville. »

26 juillet 2023. Un plongeon réussi et une victoire pour Léon Marchand durant la finale du 200 m papillon aux championnats du monde.

star du Stade toulousain Antoine Dupont ou le duo de frères rappeurs Bigflo et Oli, les articles sur la coqueluche font de l'audience.

Une « Marchandmania » que Vincent Gardeau, le président du TOEC depuis 2012, constate également dans la boutique du club, en centre-ville. « Plus de 50 % des gens qui s'arrêtent le font pour Léon », décrit cet ami de longue date de la famille qui a pu expérimenter la notoriété de son nageur lors des derniers championnats du monde : « Les piscines Alfred-Nakache et Castex étaient remplies de public une demi-heure avant les finales » pour suivre les exploits de l'enfant du pays. Léon est devenu une idole à Toulouse et dès qu'il rentre, c'est l'émeute. Depuis son départ aux États-Unis en septembre 2021, Léon Marchand, toujours licencié chez les Dauphins, prend tout de même plaisir à revenir pour quelques jours de vacances chez ses parents et pour s'entraîner avec son formateur de toujours, Nicolas Castel. Nommé ambassadeur sportif de Haute-Garonne et médaillé de la ville de Toulouse, le champion ne rate jamais une occasion de clamer son amour pour la ville qui le vit grandir pendant dix-neuf ans. Et qui le lui rend bien.

UNE STAR EN PUISSANCE APRÈS PARIS

Élu sportif français de l'année et meilleur nageur de la planète, le nageur a changé de dimension en 2023. Avec les Jeux de Paris, la vague Marchand risque de déferler sur le grand public.

« Le village, c'est un peu la vie de rêve, on croise des stars tous les jours et on a l'impression qu'on fait tous partie de la même famille », décrivait Léon Marchand et ses yeux de 19 ans lors des Jeux de Tokyo. Presque inconnu du monde du sport à cette époque, le nageur toulousain, finaliste du 400 m 4 nages confiait alors son plaisir de croiser l'ancienne star du Téfécé André-Pierre Gignac ou une de ses idoles de natation, le septuple champion olympique Caeleb Dressel. Depuis l'été 2021, de l'eau a coulé sous les ponts, et c'est désormais avec lui que les athlètes olympiques voudront prendre la pose.

Parti à la conquête de l'Ouest du côté d'Arizona State, Léon Marchand est devenu quintuple champion du monde de natation et a même volé le record du 200 yards 4 nages à son illustre aîné américain qu'il avait croisé au Japon. À l'aube des Jeux de Paris, le nageur est attendu par une France du sport qui rêve qu'il devienne sa star estivale. Élu « Champion des champions 2023 » par *L'Équipe*, sportif français de l'année d'Eurosport et vainqueur du prix des « Champions français Tout le Sport 2023 » par les journalistes de France Télévisions, Marchand a déjà conquis le cœur des sportifs. En devançant Teddy Riner, Alexis Pinturault et Kylian Mbappé, il marche dans les pas de l'attaquant de l'équipe de France, leader d'une génération de sportifs tricolores talentueux, incarnés par le basketteur Victor Wembanyama ou le rugbyman Antoine Dupont.

« S'IL PERFORME AUX JEUX, LÉON MARCHAND DEVIENDRA LE VISAGE DE LA FRANCE QUI GAGNE À DOMICILE ET C'EST UN TORRENT MÉDIATIQUE QUI VA S'ABATTRE SUR LUI. »

Jonathan Cohen, rédacteur en chef de Natation Magazine

29 juin 2022. Léon Marchand est reçu au Capitole de Toulouse après ses deux médailles d'or (200 m et 400 m 4 nages) et sa médaille d'argent (sur 200 m 4 nages) aux championnats du monde de Budapest.

Un changement de statut que le nageur peut constater à chacune de ses incursions en France, où un bain de foule l'attend à la sortie de la piscine. Autographes, photos, selfies… Désormais, chaque passage du Dauphin du TOEC dans sa ville de Toulouse ou lors des championnats de France provoque l'émeute. « Depuis qu'il a battu le record du monde sur 400 m 4 nages, sa notoriété a fait un bond et tout le monde le connaît dans la sphère sportive », analyse le rédacteur en chef de *Natation Magazine*, Jonathan Cohen. Pour le spécialiste, spectateur privilégié du Toulousain, cette Marchandmania ne pourrait faire que commencer : « Léon Marchand a tout pour devenir une mégastar et conquérir le grand public. Il est souriant, poli, intelligent, fait des études et s'exprime bien… S'il performe aux Jeux, il deviendra le visage de la France qui gagne à domicile et c'est un torrent médiatique qui va s'abattre sur lui », prédit le journaliste. À Paris, Léon Marchand pourrait s'imposer comme le porte-drapeau d'un sport français olympique bientôt orphelin du double champion olympique de judo, Teddy Riner. Vingt ans après Laure Manaudou à Athènes, le refrain Marchand est prêt à déferler tout l'été sur la France.

5 compèts pour une légende

Depuis que le « fils de... » s'est fait un nom lors des championnats de France 2019, Léon n'a cessé de progresser jusqu'à graver Marchand au sommet de toutes les compétitions auxquelles il participe.

01

CHAMPIONNATS DE FRANCE, AVRIL 2019, RENNES

CHAMPION SUR 200 M PAPILLON EN 1'58"60

Un premier sacre national. « J'y crois pas du tout ! » Encore essoufflé au micro de BeIN Sports, Léon Marchand ne réalise pas encore. À quelques mois de son 17e anniversaire, l'adolescent débarquait pourtant aux championnats de France « Élite » de Rennes avec de l'ambition. Impressionnant lors des championnats de France juniors où il a accumulé quatre titres (100 et 200 m brasse, 400 m 4 nages et 100 m papillon), l'espoir des Dauphins de Toulouse n'a pas déçu. En finale du 200 m papillon, il ne lâche pas le Suisse Jérémy Desplanches – qui remporte la course, mais ne peut être titré en raison de sa nationalité – et devient champion de France de 200 m papillon. Un premier sacre national « chez les grands » qui fait de lui la révélation de la compétition. En Bretagne, le nageur du TOEC remporte même une médaille de bronze sur le 200 m 4 nages, terminant derrière les Français Samy Helmbacher et Clément Bidard. Celui que le monde de la natation désignait comme « le fils de Xavier » vient de se faire un prénom que la suite de son année 2019 va faire connaître à toute la planète natation : médailles de bronze sur 400 m 4 nages et 200 m brasse lors des championnats d'Europe juniors, puis bronze encore sur 400 m 4 nages aux Mondiaux juniors lors d'une course où il améliore un record de France vieux de dix ans. *A star is born.*

18 avril 2019. Première médaille d'or pour Léon Marchand sur 200 m papillon aux championnats de France à Rennes.

02

J.O., JUILLET 2021, TOKYO

6^E DE LA FINALE DU 400 M 4 NAGES EN 4'11"16

Un avant-goût olympique. « Les Jeux, c'est un truc de ouf et ça aura été une expérience énorme. Mais, n'y aller que pour participer, ce n'est pas trop mon genre. » À 19 ans, Léon Marchand fait partie des nageurs pour qui le report des Jeux de Tokyo aura été une bonne nouvelle. En un an, le protégé de Nicolas Castel n'a cessé de progresser pour débarquer au Japon sans complexe, nanti du 4e temps mondial sur 400 m 4 nages. Lors des séries, il se qualifie pour la finale olympique avec le 7e temps (4'10"09), à quelques centièmes de son record personnel établi aux championnats de France de Chartres en juin. Le 25 juillet, le Toulousain réalise un départ canon en papillon et son bonnet blanc se retrouve même en tête avec 9 centièmes d'avance sur la concurrence, avant de perdre beaucoup de temps sur le dos. Malgré un bon passage en brasse, Marchand ne peut rattraper son retard et accroche une 6e place en 4'11"16 qui fait son bonheur. « C'était génial ! C'est une finale, un truc que je n'avais jamais vécu et des sensations complètement différentes par rapport à d'autres courses. Je suis capable de gratter les deux secondes qui me séparent encore du meilleur », assure le nageur à l'issue de la course. On veut bien le croire.

27 juillet 2021. Finale du 400 m 4 nages aux Jeux de 2020. Léon Marchand finit 6e, à 19 ans.

03

CHAMPIONNATS DU MONDE, JUIN ET JUILLET 2022, BUDAPEST

CHAMPION SUR 200 M 4 NAGES EN 1'55"22 (RECORD DE FRANCE) ET SUR 400 M 4 NAGES EN 4'4"28 (RECORD D'EUROPE)

La révélation mondiale. Retour à Budapest pour Léon Marchand, qui s'était révélé en 2019 en décrochant le bronze aux Mondiaux juniors. Parti aux US depuis et multiple champion de France, le nageur de Bob Bowman se considère « sur le bon chemin pour faire une médaille » à l'attaque de ses premiers championnats du monde. Placé à la ligne d'eau 4 d'une finale du 400 m 4 nages dont il est le favori, Marchand voit la petite lumière sous son plot s'éclairer au bout d'un effort d'une violence inouïe : champion du monde en 4'4"28 ! Au passage, il pulvérise son record personnel de 5 secondes, chipe le record d'Europe de la star locale, le Hongrois László Cseh (4'6"16 en 2008), et entend retentir, à 20 ans, une première *Marseillaise* mondiale devant sa famille. Il ne faudra attendre que quatre jours après cet exploit pour l'entendre à nouveau. Le Toulousain s'adjuge un second titre sur 200 m 4 nages (1'55"22), au lendemain d'une médaille d'argent sur 200 m papillon où il s'est également emparé du record de France de Franck Esposito. Léon Marchand est désigné meilleur nageur des Mondiaux par la Fédération internationale et change définitivement de dimension.

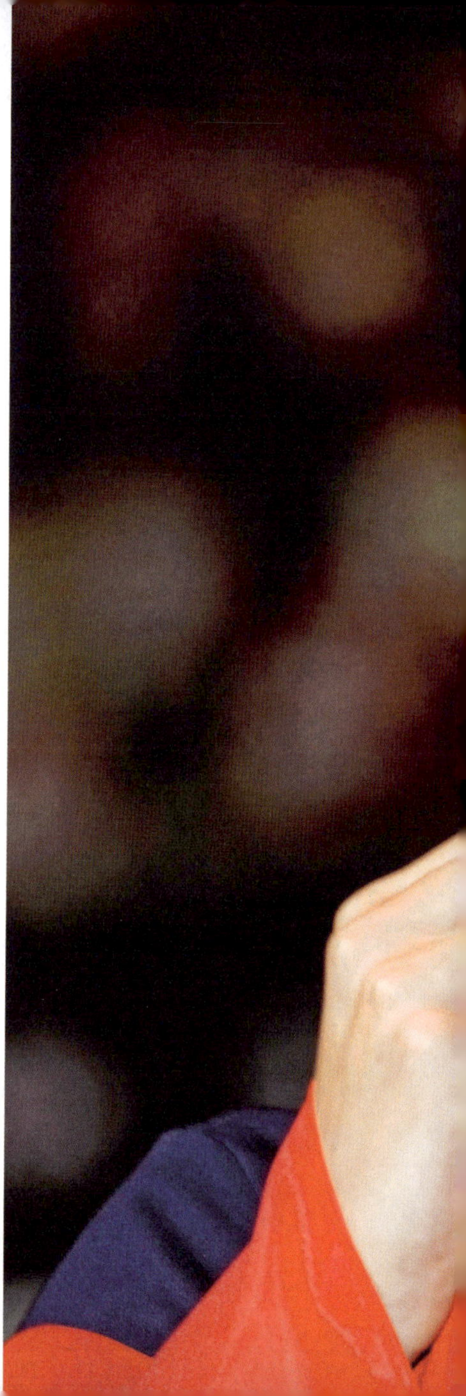

22 juin 2022. Léon Marchand savoure sa médaille d'or sur 200 m 4 nages durant les championnats du monde de Budapest.

04

CHAMPIONNAT NCAA, SEPTEMBRE 2022 À MARS 2023, ÉTATS-UNIS

CHAMPION SUR 200 YARDS BRASSE (RECORD DU MONDE), 200 YARDS 4 NAGES (RECORD DU MONDE) ET 400 YARDS 4 NAGES (RECORD DU MONDE). 26 COURSES, 26 VICTOIRES

« The French phenomenon ». Après une saison d'adaptation durant laquelle le petit Frenchy avait épaté la galerie en s'emparant du record du 200 yards 4 nages (1'37"69), Léon Marchand attaque la rentrée universitaire affûté et reposé après ses deux titres mondiaux. Et dès la reprise, l'étudiant d'Arizona State remporte toutes les courses individuelles sur lesquelles il s'aligne. En janvier 2023, le protégé de Bob Bowman fait les gros titres américains en battant le record du 400 yards 4 nages en 3'31"84, devenant le premier nageur depuis Michael Phelps en 2006 à détenir les deux simultanément. Un éclair qui en présageait beaucoup d'autres et allait faire chavirer l'Amérique fin mars, lors des finales NCAA à Minneapolis. Léon Marchand fracasse d'abord les 3'30" sur sa distance fétiche de 400 yards 4 nages (3'28"82), améliore tous ses records personnels et décroche deux autres titres sur 200 yards brasse et 200 yards 4 nages. Le Toulousain finit l'année universitaire en ayant gagné les 26 courses individuelles auxquelles il a pris part et le très sérieux *Wall Street Journal* titre : « Le prochain Michael Phelps pourrait être un Français de 20 ans. » Y a pire.

24 mars 2022. Célébrations de Léon Marchand après sa victoire sur 200 yards 4 nages aux championnats universitaires américains.

05

CHAMPIONNATS DU MONDE, JUILLET 2023, FUKUOKA

CHAMPION SUR 200 M PAPILLON EN 1'52"43 (RECORD DE FRANCE), 200 M 4 NAGES EN 1'54"82 (RECORD D'EUROPE) ET 400 M 4 NAGES EN 4'2"50 (RECORD DU MONDE)

Au Panthéon de la natation. « J'ai réussi à bien profiter de tout, des moments sympas passés ici. Je suis content d'avoir fait trois sur trois. » Face à la presse, pas d'emballement. Juste la satisfaction du devoir accompli pour le premier Français de l'histoire triple champion du monde en individuel sur un championnat du monde. À Budapest, Léon Marchand devient même le Français le plus titré en individuel de l'histoire, mais tout cela est presque secondaire comparé au dernier record du monde détenu par la légende Michael Phelps qu'il a battu sous ses yeux. Dimanche 23 juillet 2023, il est 21 h 21 lorsque la planète natation braque ses yeux sur la ligne d'eau numéro 5 dans laquelle se trouve le champion du monde en titre. Dès le départ, Léon Marchand flotte avec la fameuse ligne signifiant la meilleure marque historique. Porté par un public japonais en fusion, le Toulousain passe devant et continue d'accélérer, tandis que Michael Phelps, consultant pour la chaîne américaine NBC, se lève. « Il va le faire », affirme l'homme aux 23 titres olympiques. 4'02"50 et un WR s'affichent sur l'écran à la touche du Français qui met 1 seconde 34 au record. Le passage de flambeau lors de la remise de médaille permet à Léon Marchand, désigné meilleur nageur des Mondiaux, de faire son entrée dans la grande histoire du sport.

30 juillet 2023. Les titres mondiaux s'enchaînent pour Léon Marchand avec, en 2023, ceux du 200 m papillon, du 200 m 4 nages et du 400 m 4 nages.

Janvier 2024. Léon Marchand nage sous les couleurs d'Arizona State contre l'université du Grand Canyon.

ÉPILOGUE

TOURNÉ VERS L'OLYMPE

C'est donc à Nanterre, dans l'Arena construite derrière l'arche de La Défense, que Léon Marchand va se lancer à l'assaut de l'Olympe. À plus de 2 550 kilomètres de la Grèce, le nageur au nom de famille aux accents bleu-blanc-rouge sera à une cinquantaine de longueurs de bassin d'ajouter un chapitre olympique glorieux à sa légende. 400 m 4 nages, dont il est recordman du monde ? 200 m 4 nages, dont il est champion du monde ? 200 m papillon et/ou 200 m brasse, dont il serait le favori ? Relais du 4 x 200 m et du 4 x 100 m, dont il sera à coup sûr le poisson-pilote des Bleus ? À Paris, ville hôte des Jeux, cent ans après sa dernière organisation, la star de la natation mondiale débarque avec l'objectif de tout rafler. « L'important, c'est de participer », la devise prononcée par le baron Pierre de Coubertin en 1908, lors d'un discours sur les valeurs de l'idéal olympique, n'a pas gagné Léon.

Depuis son adolescence toulousaine, le souriant Dauphin a su développer un esprit de compétition rare, au rythme d'une progression constante. Une mentalité de *winner* américain, renforcée depuis 2021 par son apprentissage de la vie étudiante US, sous le soleil de l'Arizona. À l'image de Kylian Mbappé ou de Victor Wembanyama, le nageur s'inscrit parfaitement dans la nouvelle génération de talents du sport français, à l'ambition débordante. Et prête à mettre toutes les chances de son côté pour performer. Préparation mentale, éthique de travail, sommeil et alimentation, contrôle de la communication... Comme ses glorieux pairs, le meilleur nageur de la planète ne laisse rien au hasard.

L'ancien étudiant en programmation informatique est l'archétype du sportif moderne, en même temps qu'il transporte avec lui des décennies d'histoires de la natation. Héritier d'Alfred Nakache, de Jean Boiteux, de Céline Bonnet et de Xavier Marchand, Léon continue de remplir le grand livre du sport français de ses exploits. Et à 22 ans, le Toulousain empile les records et les victoires à un rythme rarement vu auparavant. Championnats du monde, NCAA, championnats de France... Rien ne résiste à la vague Marchand qui entraîne dans son sillage une génération « Gavroche 2024 » dont son regard bleu est devenu le phare. Après des années de disette, la natation tricolore a trouvé un successeur aux Manaudou, Bernard, Lacourt, pour briller à nouveau dans les piscines.

À Paris, la star mondiale de la natation débarque avec l'objectif de tout rafler.

Avec son habituelle humilité, Léon Marchand s'est appuyé sur ses qualités naturelles d'ondulation, ses coulées de dauphin et sa polyvalence aquatique pour conquérir l'eldorado américain. Grâce à son coaching à deux têtes et au soutien de son clan, le recordman du monde du 400 m 4 nages ne cesse de se rapprocher de celui à qui tout le monde le compare, Michael Phelps. Mature et lucide, le nageur sait que la route est encore longue avant de rejoindre l'athlète le plus titré de l'histoire sur le toit de l'Olympe. Voilà le prochain défi d'un champion précoce, déjà dans le panthéon du sport tricolore alors que la France se demande jusqu'où il peut aller. C'est peut-être cela le plus affolant avec l'étoile Léon Marchand. ●

12 avril 2024. Léon Marchand lors du 400 m quatre nages hommes à San Antonio.

arena

Crédits photographiques

Presse Sports : Couverture (plats 1 et 4) ©BOUE SEBASTIEN ; p. 8 ©BOUE SEBASTIEN ; p. 15 ©BOUE SEBASTIEN ; p.23 ©FABLET ; p. 24 ©BOUE SEBASTIEN ; p. 26 ©MERCIER VINCENT ; p. 29 ©PRESSESPORTS ; p. 30 ©PRESSESPORTS ; p. 33 ©MERCIER VINCENT ; p. 40 ©BOUE SEBASTIEN ; p. 43 (de gauche à droite) ©BOUE SEBASTIEN, ©MARTIN, ©MARTIN ; p. 45 ©BOUE SEBASTIEN ; p. 49 ©Dannie Chavez/USA TODAY SPORTS/PRESSE SPORTS ; p. 50 ©BOUE SEBASTIEN ; p. 55 ©BOUE SEBASTIEN ; p. 60 ©BOUE SEBASTIEN ; p. 67 ©FAUGERE FRANCK ; p. 71 ©MARTIN ; p. 72 ©BOUE SEBASTIEN ; p.77 ©FAUGERE FRANCK ; p.81 ©Dannie Chavez/USA TODAY SPORTS/PRESSE SPORTS ; p. 83 ©PAQUOT BAPTISTE ; p. 84 ©BOUE SEBASTIEN ; p. 89 ©FAUGERE FRANCK ; p.90 ©BOUE SEBASTIEN ; p. 94 ©Dannie Chavez/USA TODAY SPORTS/PRESSE SPORTS ; p. 96 ©Brett Davis/USA TODAY SPORTS/PRESSE SPORTS ; p. 99 ©Brett Davis/USA TODAY SPORTS/PRESSE SPORTS ; p. 102 ©Brett Davis/USA TODAY SPORTS/PRESSE SPORTS ; p. 105 ©BOUE SEBASTIEN ; p. 117 ©HERVIO JEAN MARIE ; p. 118 ©BOUE SEBASTIEN ; p. 120-121 (1) ©PRESSESPORTS ; (2) ©PRESSESPORTS ; (3) ©LECOQ ; (4) ©LUTTIAU ; (5) ©LEGROSLECOQ ; (6) ©PRESSESPORTS ; p. 122-123 (1) ©FAUGERE FRANCK ; (2) ©LAHALLE ; (3) ©MARTIN RICHARD ; p.127©BOUE SEBASTIEN ; p.129 ©BOUE SEBASTIEN ;p.135 ©BOUE SEBASTIEN ; p.136 ©BOUE SEBASTIEN ; p.137 ©BOUE SEBASTIEN ; p. 138 ©BOUE SEBASTIEN ; p.141 ©Mark J. Rebilas/US PRESSWIRE ; p.143 ©MARTIN ; p. 145 ©BOUE SEBASTIEN ; p. 147 ©BOUE SEBASTIEN ; p. 152 ©BOUE SEBASTIEN ; p. 155 ©BOUE SEBASTIEN ; p. 167 ©BOUE SEBASTIEN ; p. 170 ©BOUE SEBASTIEN ; p. 173 ©BOUE SEBASTIEN ; p. 175 © FAUGERE FRANCK ; p. 177 ©Soenar Chamid/SCS/AFLO/PRESSE SPORTS ; p.179 ©Brett Davis/USA TODAY SPORTS/PRESSE SPORTS ; p. 181 ©BOUE SEBASTIEN ; p. 182 ©Dannie Chavez/USA TODAY SPORTS/PRESSE SPORTS ; p. 186 ©Gaelle Mobuchon.

Icon Sport : p. 10 ©Icon Sport ; p. 12 ©Icon Sport ; p. 21 ©Abaca/Icon Sport ; p. 37 ©Icon Sport ; p. 101 ©Joseph Hendrickson ; p. 169 ©Abaca/Icon Sport.

DR : p. 15 ©X (ex-Twitter) @xavier_marchand ; p. 75 ©Instagram #sundevilathletics ; p. 101 ©Shutterstock/Joseph Hendrickson ; p. 108-109 (de haut en bas et de droite à gauche) ©Instagram #sundevilswimdive ; #leon.marchand31 ; #coach_bowman ; p. 115 ©Instagram #sundevilswimdive ; p. 151 ©Instagram #m_phelps00 ; p.161 ©Instagram #k.mbappe ; p. 163 (de gauche à droite et de haut en bas) ©Instagram #LVMH #leon.marchand31 ; #leon.marchand31 ; #LVMH #leon.marchand31 ; #leon.marchand31.

Illustrations : p. 56-59 et p. 62-65 ©Emmanuelle Pioli.

Textes : Ken Fernandez
Mise en pages : Phil Caubit
Préparation de copie et relecture : David Lerozier

PAPIER CERTIFIÉ

Imprimé en Espagne en janvier 2025 par Estella
pour le compte des éditions Hachette Livre (Marabout)
58, rue Jean-Bleuzen – 92178 Vanves Cedex
contact@marabout.com
Dépôt légal : mai 2024
ISBN : 978-2-501-18526-4 / 02
4204090